일본해와
~~동해물과~~
백두산이
마르고
닳도록…

일본해와 백두산이 마르고 닳도록…

초판 1쇄 발행 2016년 2월 1일

지 은 이   김광우
발 행 인   권선복
편   집   김정웅
디 자 인   최새롬
마 케 팅   정희철
전 자 책   신미경
발 행 처   행복한에너지
출판등록   제315-2013-000001호
주   소   (157-010) 서울특별시 강서구 화곡로 232
전   화   0505-613-6133
팩   스   0303-0799-1560
홈페이지   www.happybook.or.kr
이 메 일   ksbdata@daum.net

값 12,000원
ISBN   979-11-86673-38-6   03340

Copyright ⓒ 김광우, 2016

행복한에너지는 독자 여러분의 아이디어와 원고 투고를 기다립니다. 책으로 만들기를 원하
는 콘텐츠가 있으신 분은 이메일이나 홈페이지를 통해 간단한 기획서와 기획의도, 연락처 등
을 보내주십시오. 행복한에너지의 문은 언제나 활짝 열려 있습니다.

동 해 명 칭 표 기 의 불 편 한 진 실

일본해와
~~동해물과~~
백두산이
마르고
닳도록…

김광우 지음

행복한 에너지

이 소설은 동해·일본해 표기 문제를 다룬 가상의 이야기입니다.
여기에 나오는 인물들은 모두 허구입니다.
특히 2016년 이후를 묘사한 내용은 모두 사실이 아닙니다.

동해 · 일본해 병기 입장은 '일본해'라는 명칭을 사용해도 된다고
절반은 수용하고 들어가는 것입니다.
한반도와 극동 러시아로 둘러싸인 바다에
어찌 한 나라만의 이름을 붙인단 말입니까?
일본이라는 이름을 붙이는 것은 '동해가 일본의 바다'라는 점을
국제적으로 인정해 주는 것이나 마찬가지입니다.

– 본문 중에서 –

위키피디아 영문판(www.wikipedia.org)에서 'Sea of Japan'으로 검색하면 자세한 설명과 함께 이 같은 지도가 나온다. 하지만 'East Sea'로 검색하면 동해에 대한 설명이 나오지 않는다. 위키피디아뿐만 아니라 외국의 인터넷에서는 이미 'Sea of Japan' 표기가 압도적으로 많이 사용되고 있다.

삼국사기의 고구려 시조 동명왕 기사(약B.C, 59년 발생한 사건 기술)

광개토대왕릉비문(414)

삼국사기(三國史記) 동명왕편과 광개토대왕릉비에 '東海'라는 명칭이 나온다. '동해'가 한국인이 2천 년 이상 사용해 오고 있는 명칭임을 나타낼 때 인용되는 대표적인 사료이다. (출처: 우리나라 외교부 홈페이지)

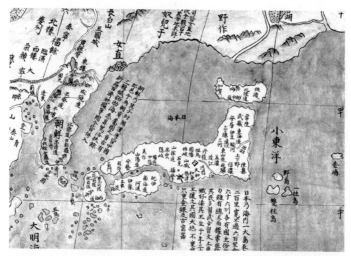

이탈리아 선교사 마테오 리치가 1602년 중국에서 제작한 '곤여만국전도(坤輿萬國全圖)'의 일부이다. '日本海'라는 표기가 선명하다. '일본해'라고 처음 표기된 고지도로서 일본 측에서 많이 인용하고 있는 문헌이다.

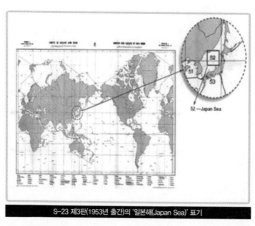

S-23 제3판(1953년 출간)의 '일본해(Japan Sea)' 표기

국제수로기구(IHO)가 1929년 '해양과 바다의 경계(Limits of Oceans and Seas)' (S-23) 책자(제1판)를 발간할 때 처음으로 동해를 'Japan Sea'로 단독 표기하였다. 사진은 1953년 발간된 제3판의 일부이다. 여전히 'Japan Sea'로 표기되어 있다.

목차

제19차 국제수로기구IHO 총회, 그 이후

— 2017년 4월, 모나코

"이제 동해란 이름은 사라지는 걸까? '동해물과 백두산이….'로 시작하는 애국가 가사도 일본해로 바꿔야 하는가?"

파리 샤를 드골 공항에서 인천공항까지 11시간의 긴 비행 동안 외교부 박명철 국제법률국장은 여러 가지 생각에 머리가 복잡해서 잠시도 눈을 붙일 수가 없었다. 그는 지난 몇 달간 휴일도 반납하고 밤늦게까지 일했다. 월화수목금금금의 연속이었다. 일주일간의 모나코 출장 중 호텔방에서도 잠을 거의 자지 못했다. 한국과는 8시간 늦은 시차도 시차였지만 회의 부

일본해와 백두산이 마르고 닳도록…

담 때문이었다. 귀국편 항공기 안에서도 잠을 붙일 수 없었다.

"이 비행기는 곧 인천공항에 착륙하겠습니다."

기장의 안내방송을 듣고서야 그는 복잡한 생각을 잠시 버리고 내릴 준비를 했다. 창밖을 보니 비행기는 짙은 구름 속을 날면서 고도를 낮추고 있다. 서울은 흐린 날씨인 모양이다. 몸은 피곤으로 천근만근이다. 짙은 구름과도 같이 그의 마음도 무겁고 어두웠다.

그는 지난주 모나코에서 열린 제19차 국제수로기구IHO 총회에 참석하고 파리를 경유하여 귀국하는 중이다. 우리 정부로서는 동해 표기 문제 때문에 이번 총회가 초미의 관심이었다. 언론과 국회에서도 일본해와 동해를 병기해야 한다는 우리 정부의 입장을 이번 총회에서 관철시켜야 한다는 여망이 강력했다. 하지만 이번 총회에서 동해 병기를 관철하기는커녕 일본해 단독 표기로 의견이 모아졌다. 이제 동해라는 이름은 우리만의 명칭일 뿐 국제사회와 지도 제작 회사들은 일본해라는 명칭만을 사용할 것이다.

이 소식은 신문과 방송을 통해 바로 국내에 알려졌다. 일주일 동안의 총회 기간 중 파리 주재 대사관에서 서울 외교부 본부로 회의 내용을 중계방송하듯이 상세히 전문 보고하였다.

"박 국장님, 이번 총회 결과에 대해 국내의 분위기가 너무 안 좋습니다. 언론과 국회에서 정부를 비난하는 목소리가 엄청납니다. 대통령까지 책임져야 한다는 주장도 있습니다. 귀국편 항공기 안에서 대응책을 미리 생각해 두시는 것이 좋을 듯싶습니다."

모나코를 출발하여 귀국길에 드골 공항에서 만난 파리 주재 한국 대사관 관계자들은 우려스러운 목소리를 전했다. 이미 각오한 일이지만 막상 인천공항에 착륙한다는 기내 방송을 들으니 여러 가지 생각이 머리를 스쳐 지나갔다.

국회에서는 외교부의 무능함을 질타하며 책임을 물으려고 할 것이다. 총회에 한국 대표로 참석한 담당 국장을 문책하는 정도로 넘어가지 않을 것은 분명하다. 외교부 장관의 사퇴 요구까지 갈 것인가. 청와대에서도 이 문제를 조기에 마무리 짓기 위해 하루빨리 인사 조치를 하려고 할 것이다. 외무고시에 합격하고 외교부 입부 20년 만에 동해 명칭 표기 문제로 인해 자신의 공직생활을 불명예스럽게 마무리할 수도 있다고 생각하니 박명철의 마음은 착잡하기만 했다. 인천공항에 내리면 바로 광화문 외교부 청사로 갈 생각이다.

잔뜩 찌푸린 하늘과 같이 박명철의 마음도 어둡기만 하다. 모나코에서의 국제수로기구 총회도 어려움의 연속이었지만 서울에서 더 어려운 과정이 기다리고 있는 것이다.

지난 주 모나코에서 닷새간 열린 국제수로기구 제19차 총회는 넷째 날 전체회의에서 동해 표기 문제를 안건으로 올렸다. 안건에 대한 토의는 한국과 일본 측 대표의 뜨거운 주장으로 진행되었다. 여전히 한국은 일본해와 동해 표기의 병기를 주장했고, 일본은 일본해 단독 표기를 주장했다.

이 총회는 5년마다 열린다. 2012년 제18차 총회에서는 한국과 일본 두 나라가 합의를 통해서 해결하는 것이 바람직하다는 분위기였다. 회원국 대표들은 관련 당사국, 즉 한국과 일본이 서로 원만히 합의할 것을 권고하였다. 동해 표기 문제는 국제수로기구가 다루기에는 부적합한 정치적이고 외교적인 이슈가 되어버렸다는 인식이 지배적이었다. 이 때문에 많은 회원국들은 이 문제에 적극 개입하고 싶지 않았다.

5년이 지난 후 이번 총회에서도 한국과 일본의 입장에는 변화가 없었다. 그러나 분위기는 5년 전 총회 때와는 사뭇 달랐다. 80여 개 회원국 대표들은 일본의 제안에 대해 긍정적 분위기가 지배적이었다. 하지만 우리의 동해 병기 주장에 대해서는 대부분의 회원국들이 냉소적이었다. 이번 총회에서 더 미루지 말고 무언가 결정을 내려야 한다는 회원국들도 많았다. 국제수로기구 총회에서는 동해·일본해 이름 표기 안건에 대해서는 실질적이고 구체적인 토의는 하지 않는다. 이렇게 하는 것은 실무 차원의 사안이기도 하고, 이미 한국과 일본의 주장은 회원국들에게 회람 문서를 통해 잘 알려져 있었다. 그리고 깊이 토의를 할 시간적 여유도 없다. 총회에서는 안건의 처리 방향 등을 중심으로 의사진행에 관한 토의가 주로 이루어졌다.

일본은 1921년 국제수로기구IHO의 전신인 국제수로국IHB이 만들어질 때부터 회원국이었다. 1970년 국제수로국은 국제수로기구로 확대되었고 국제수로국은 국제수로기구의 사무국 역할을 지금까지 맡고 있다. 지난 100년 동안 이 기구는 해양 국가들의 친목단체처럼 운영되어 왔다. 유럽과 일본은 해양 강국으로서 이 기구에서 큰 목소리를 내고 있었다. 1929년 이 기구에서 동해를 일본해로 단독 표기하는 방침을 정했다. 그때 우리나라는 일본의 식민지배하에 있었다. 그래서 국제수로국은 『해양과 바다의 경계』Limits of Oceans and Seas라는 해도집을 발간하면서 동해를 일본해라고 단독 표기한 것이다. 이 간행물은 간략히 S-23으로 알려져 있다. 그때부터 이 해도집은 세계의 바다 이름을 정하는 데 결정적 역할을 하고 있다. 그리하여 이 책자는 세계 각국의 지도에서 '일본해' 표기가 확산되는 중요한 계기가 되었다.

국제수로국은 『해양과 바다의 경계』 제2집을 1937년, 제3집을 1953년에 각각 발간하면서 여전히 일본해로 단독 표기하였다. 그 이후 국제수로기구는 제4집을 발간하지 않고 지금에 이르고 있다. 우리나라는 1957년 국제수로국 회원국으로 가입했다.

이번 총회를 앞두고 미국과 영국 등의 주요국들의 입장도 우리에게 결코 유리하지 않았다. 미국의 입장은 오래전부터 우리나라에게 유리하지 않았다. 해양의 명칭은 병기하지 않는다는 것이 미국 정부의 입장이다. 이른바 단일 명칭 원칙이다. 이 원칙대로라면 동해와 일본해를 함께 적는 것은 안 되고 19세기부터 세계 지도에서 많이 사용된 일본해 명칭만을 표기해야 한다는 것이다. 외교소식통에 의하면 미국 정부는 실무그룹의 요청으로 이러한 입장을 담은 공식서한을 국제수로기구에 보낸 것이 분명하다.

국제수로기구에서의 일본의 강한 입지, 지난 5년 동안 일본의 강력한 국제사회에 대한 로비 그리고 우리나라에게 결코 유리하지 않은 미국과 영국의 입장 등이 서로 맞물려 우려했던 결과가 나오게 된 것이다.

어디서부터 잘못되었을까. 박명철은 1년 전 생각이 떠올랐다. 우리의 동해 표기 전략에 근본적인 문제가 있다는 지적이 새삼 머리를 스쳐 지나갔다.

동해,
우리만의 이름

— 2016년 4월, 외교부 청사

"김 과장, 국제수로기구 제19차 총회가 꼭 일 년 앞으로 다가왔습니다. 그동안 꾸준히 노력해 왔지만 지금부터 마무리 준비를 잘해 나갑시다. 내년 이맘때 총회에서는 지금보다는 진척된 결과가 나와야겠죠."

박명철은 김수정 영토해양과장에게 먼저 말을 꺼냈다.

"각 공관을 통하여 국제수로기구의 주요 회원국들에게 우리 정부 입장을 계속 설명하고 있습니다. 일본과의 타협은 기대할 수 없는 상황이구요. 미국의 입장도 중요합니다. 앞으로 남은 일 년 동안 미국의 지원을 받는 데 집중할 필요가 있습니다. 주미대사관과 계속 협조하고 있습니다. 동해연구회 등 비정부단체NGO와 몇몇 대학 교수님들의 자문도 받고 있습니다."

김수정은 그동안의 노력과 앞으로 남은 계획을 일목요연하게 정리하여 국장에게 자신 있게 보고했다. 20대 초반에 외무고시에 합격하여 외교부 본부의 여러 보직을 거친 후 프랑스 주재 대사관 근무를 마치고 10년 만에 본부 과장이 된 재원이다. 지난해 이맘때 이 자리를 맡았으니 벌써 1년이 지났다.

사실 그녀는 빨리 이 자리를 떠나 남편이 근무하는 파리로 가고 싶었다. 그녀가 프랑스 주재 대사관에 서기관으로 근무할 때 같은 외무고시 동기인 최경철과 결혼했다. 최경철은 계속 파리 대사관에 근무하고 있지만 그녀는 외교부 본부에 들어와서 영토해양과장을 맡았다. 영전이었다. 하지만 그녀는 반갑지 않았다. 파리를 떠나는 것도 싫었지만 남편과 떨어져 있는 것은 힘든 일이었다. 더 힘든 것은 동해 명칭 표기 문제가 발등의 불이었다는 것이다. 이는 영토해양과의 임무였다. 외교부 내에서도 이 업무는 잘해야 본전인 걸로 인식되고 있었다.

그녀는 빨리 해외 공관으로 나가고 싶었다. 해결은 쉽지 않고, 잘못되면 책임 문제가 거론될 수 있는, 골치 아픈 현안으로부터 벗어나고 싶었다. 아직도 프랑스에 주재하고 있는 남편과 같이 생활하고 싶기도 했다. 하지만 5년마다 열리는 국제수로기구 총회를 꼭 일 년 앞둔 지금 시점에서 장·차관은 그녀의 보직이동을 결재하지 않을 것이라는 점도 잘 알고 있었다.

영토해양과장직을 맡은 후 지난 일 년 동안 그녀는 동해 표기 문제와 관련한 지금까지 외교부 내의 모든 문서를 읽었다. 국제수로기구, 유엔지명표준화회의, 미국지리학회 등 외국기구의 문헌도 모두 조사하고 읽었다. 국립지리원, 국토지리정보원의 문서들과 국내외 학술 논문들도 웬만큼 다 읽어보았다. 동해문제를 연구하는 교수들과도 여러 차례 만나 공식적으로 자문도 받고 비공식적으로 대화의 기회도 종종 가졌다. 영토해양과장직을 맡은 후 불과 일 년 만에 동해 명칭 표기 문제에 대해서는 국내에서 제일가는 전문가 수준이 되었다고 스스로 생각하고 있었다. 누구와도 이 사안에 대해 깊이 토론할 수 있다고 자부하고 싶었다.

박명철의 질문에 그녀는 좀 솔직하게 국장과 대화를 해 보고 싶었다. 김수정이 박명철에게 화두를 꺼내듯이 조심스럽게 말했다.

"국장님, 동해와 일본해를 함께 표기하는 것이 우리 정부의 입장이지만 이를 국제사회에 설명하는 데 근본적인 한계가 있습니다."

나지막하지만 뜬금없는 이야기에 박명철은 반색하며 물었다.

"한계라니, 무슨 한계?"

김수정이 말을 이어나갔다.

"동해 표기 문제를 설명하면 많은 외국인들은 고개를 갸우뚱합니다. 잘 이해할 수 없다는 것입니다. 촌철살인식으로 단 몇 마디로 동해 표기 문제를 국제사회에서 설명할 수 있어야 하는데 그것이 잘 먹혀들어 가지 않는다는 것입니다."

박명철이 말했다.

"동해라는 이름은 방위를 가지고 있다는 이야기이겠지?"

박명철은 그녀의 이야기를 벌써 짐작하고 있었다. 박명철은 좀 더 그녀의 이야기를 듣고 싶었다. 김수정은 자신 있는 투로 말을 이어나갔다.

"동해는 일본 쪽에서 보면 서해West Sea가 되기도 하고, 러시아 극동 쪽에서 보면 남해South Sea가 되기도 합니다. 만약 중국이 황해Yellow Sea를 중국 동쪽에 있다고 해서 '동해'라고 주장한다면 우리는 황당할 것입니다. 그러나 서해는 황해라는 또 다른 이름이 있어서 다행이라고 봅니다."

그녀의 설명에 박명철은 자신의 생각을 말해 보기로 했다.

"내가 예를 들어볼까. 이탈리아 반도 동쪽과 발칸 반도 서쪽에 있는 아드리아 해가 있지. 이탈리아가 이 바다를 '동해'라고 주장하고, 발칸 반도에 있는 국가들이 '서해'라고 주장한다면 국제사회는 얼마나 공감할까? 미국이 멕시코 만을 '남해'라고 부른다면 멕시코만 남쪽에 위치한 국가들은 결코 받아들이지 않을 테지. 동해라는 이름도 같은 이치라는 주장이겠지."

박명철의 말이 끝나기가 무섭게 김수정이 말을 시작했다.

"바다 이름에 동서남북의 명칭이 들어간 것으로서는 영국 북쪽에 있는 북해North Sea를 들 수 있습니다. 그러나 북해의 북쪽에 위치한 국가는 없으며 유럽 대륙은 대부분 북해의 남쪽에 위치하고 있기 때문에 북해라는 명칭으로 인한 갈등은 없는 것으로 알고 있습니다."

일본이 러시아와 영유권 분쟁을 하고 있는 '북방 4개 도서'는 일본식 표현이다. 일본 입장에서는 북쪽이지만 러시아 입장에서는 남쪽이다. 따라서 '북방 4개 도서'란 표현은 국제적으로는 '쿠릴열도 남단 4개 도서'이다. 동서남북이라는 방위가 들어간 이름은 국제적으로 통용될 수 있는 객관적인 지명이 될 수 없다는 하나의 사례다. 바로 이 점 때문에 국제사회에서 동해 표기 주장에 대해 쉽게 납득하지 못하고 있다는 것을 박명철은 잘 알고 있었다.

"나도 김 과장의 의견에 공감하는 면이 있어. 하지만 그건 당신과 나의 개인 의견일 뿐이야. 동해라는 명칭은 한반도와 중국에서 2천 년 전부터 사용해 왔던 것으로 이미 고유명사가 되었다고 봐야지. 우리 정부의 입장은 일본해만으로 단독 표기되어서는 안 되고 동해와 함께 표기되어야 한다는 것이지.

정부의 공식 입장을 국제회의에서 관철시켜야 하는 것이 외교
관의 임무야.”

　박명철은 동해라는 이름이 맘에 들지 않았다. 그렇기 때문
에 동해와 일본해를 같이 표기하자는 우리 정부의 입장을 국
제적으로 설득해야 하는 일이 내키지 않았다. 이런 점에서 그
는 김수정 과장과 생각이 비슷했다. 하지만 이를 공식적으로
말할 수는 없다. 마음속으로만 그렇게 생각하고 있을 뿐이다.
따라서 그녀의 주장에 대해서 조심스럽게 제동을 거는 것이
필요하다고 생각했다. 비록 두 사람만 있는 자리이지만 사무
실에서 마음에 든 이야기를 다 하는 것도 바람직하지 않다고
생각했다. 하지만 그녀는 말을 계속했다.

　“역사적 문헌에 의하면 우리의 동해가 오랜 옛날부터 사용
되어 왔다는 주장도 이해합니다. 삼국사기와 삼국유사에서부
터 고려사에 이르기까지 우리 선조들은 오랫동안 동해라는 표
현을 사용했다는 역사적 문헌도 있습니다. 하지만 오늘날 역
사적 기록만을 가지고 동해라는 이름을 계속 주장하는 데 한
계가 있습니다. 이러한 역사적 사실을 주장하면 다른 나라 대
표들은 이렇게 반문합니다. ‘옛날 동양 사람들은 제한된 지리

적 정보로 인하여 한반도 너머에 무엇이 있는지 제대로 몰랐을 것이다. 옛날 중국은 스스로 세계의 중심이라고 생각해 왔다. 중국中國이란 한문 뜻도 바로 이를 의미한다. 세상의 중심인 중국에서 볼 때 해 뜨는 쪽 바다이니깐 동해라고 불렀을 수도 있다. 하지만 세계화된 오늘날에는 적절한 명칭이 아니다. 이 지구상에 동쪽 바다가 얼마나 많으냐? 동해를 East Sea라고 하면 지구상의 많은 사람들은 헷갈릴 것이다.' 대략 이러한 점들이 외국인이 이야기하는 것입니다."

그녀의 이야기를 들으면서 박명철은 생각이 더 깊어졌다. 그도 그녀와 같은 생각을 안 해본 것이 아니었다.

우리나라뿐만 아니라 중국의 옛 문헌에도 동해東海라는 표기가 있다. 2천 년 전 중국 고전 후한서後漢書와 산해경山海經 등에서는 여진족들이 만주 남쪽 바다를 동해라고 불렀다는 기록도 있다.

이러한 역사적 사실에도 불구하고 '동해'라는 이름이 방위성을 가지고 있다는 문제는 국내 일부 학자들도 지적하기도 했다. 차라리 '한국해' 등과 같이 방위성이 없는 이름을 주장했더라면 지금쯤 일본해라는 명칭을 압도하고 국제사회를 설득하는 데 보다 쉬웠을 수도 있었을 것이다. 박명철이 물었다.

"우리 정부 입장이 언제부터 동해와 일본해를 나란히 적는 것으로 결정되었나요?"

김수정은 잘 알고 있는 내용이어서 지체 없이 답했다.

"1992년 유엔지명표준화회의UNCSGN 때 처음으로 우리나라가 공식 제기한 것으로 알고 있습니다. 1991년 우리나라가 유엔에 가입한 그 다음 해입니다. 이것이 유엔뿐만 아니라 국제사회에서 동해 표기를 처음 주장한 때입니다."

박명철은 혼잣말도 아니고, 그렇다고 그녀가 들으라고 하는 말도 아니게 신음하듯 말했다.

"그때 동해가 아니라 한국해Korea Sea나 극동해Far East Sea 등으로 주장했더라면 국제사회를 설득하는 데 더 쉬웠을 것을…"

일본해가 1929년 국제 표기로 결정되었다고 하더라도 우리나라가 1945년 해방되고 난 다음 1992년 유엔에서 동해 표기 문제를 제기하기까지 약 50년 동안 우리 정부는 무엇을 했나? 더욱이 한국은 1957년 국제수로기구 회원국으로 가입했다. 그

때부터 우리나라가 유엔에 가입하여 동해 명칭을 주장하기 시작한 1992년까지는 일본해라는 명칭에 대해 그냥 지켜보고만 있었다는 이야기가 된다. 1992년 이전 50년 동안 일본해 단독 표기에 대해 아무런 외교적 노력도 하지 않았다고 볼 수밖에 없다. 당시 정부의 무관심과 무대책이 야속하기만 했다. 유엔에 가입하여 회원국이 된 이후에야 이 문제를 유엔에 제기하였다는 지금까지의 외교부 입장도 이해하기 어렵다. 이것 또한 박명철의 혼자 생각이다. 하지만 지금 이 문제를 거론하고 싶지 않다. 과거 외교부를 비롯한 우리 정부의 잘잘못을 따지는 것 같아서이다. 그리고 지금에 와서 이를 거론하는 것 자체가 국익에 도움이 되지 않는다고 생각하기 때문이다.

박명철이 조심스럽게 그녀에게 말했다.

"김 과장 생각은 잘 알고 있어요. 이 사안은 동해 표기에 대한 국민적 정서와도 직접 관련이 되기 때문에 공론화시키는 것은 또 다른 문제가 있어요. 지금 이야기한 것은 당신과 나만의 개인적인 대화였습니다. 이를 다른 사람들에게 언급하지 않도록 합시다. 하지만 말이 나온 김에 우리 정부가 지난 1992년 동해 표기 문제를 유엔에 제기할 때 어떠한 과정과 절차로 이를 정부 입장으로 결정했는지 궁금합니다. 시간 날 때 1990년대 초반의 정부 관련문서들을 조사해 봐 주세요. 이것 또한 조용히 하는 것으로 하세요."

"잘 알겠습니다. 국장님."

김수정은 국장이 자신의 개인적 의견을 솔직하게 들어주는 것이 고마웠다.

바다의 명칭은 그 영유권과는 전혀 무관하다. 동해를 '일본해'라고 명명해도 일본의 바다가 될 수도 없고 되지도 않는다. 하지만 지구상의 많은 지도들이 일본해로만 표기한다면 마치 동해가 일본의 바다인 양 인식될 가능성이 있다. 이렇게 되면 일본해 가운데에 위치하고 있는 울릉도와 독도는 일본의 영토인 걸로 비춰질 가능성마저 있다. 동해와 일본해를 병기해야 한다는 것은 국민 정서뿐만 아니라 독도 영유권 주장과 맞닿아 있기 때문에 우리 정부로서는 양보할 수 없는 사안이다.

동해,
양보할 수 없는 이름

— 2016년 5월, 국회 본관 신한국당 정책위원회 회의실.

"동해라는 명칭은 절대로 양보해서는 안 됩니다. 정부는 이 점을 분명히 하셔서 일을 추진해 나가야 합니다."

신한국당 고명석 정책위원회 의장은 목소리를 높였다.

신한국당 정책위원회 의장과 외교부 장관 및 간부들이 당정 협의를 위해 모였다. 북한 핵 문제를 비롯한 몇 가지 외교적 현안을 보고받는 자리인데 회의가 빗나가서 동해 표기 문제가 주된 논의 의제가 되고 있다.

고명석은 말을 계속했다.

일본해와 백두산이 마르고 닳도록…

"우리 사회 일각에서 동해 표기 문제가 우리만의 입장이라고 하면서 '한국해' 등 제3의 다른 이름을 제안하는 사람이 있는데요. 절대로 그러한 목소리에 귀 기울여서는 안 됩니다. 역사적으로 우리 옛 문헌에 동해라고 표기되었다는 것은 모두가 알고 있으므로 자세한 언급을 생략하겠습니다. 동해라는 이름은 우리 국민정서에 깊이 뿌리내리고 있습니다. 애국가도 '동해물과…'로 시작하고 있고, 동해를 지키는 것이 나라를 지키는 것과 같은 의미를 가지고 있습니다. 삼국통일을 이룩한 신라의 문무왕은 사후에도 신라를 지키겠다고 그 유골을 동해바다에 뿌렸고 그곳이 지금의 대왕암입니다. 80년대 송창식의 노래 '고래사냥'에서 고래 잡으러 간 곳도 동해였습니다. 우리 국민들에게 동해는 태양이 떠오르는 곳으로 광명과 희망을 상징하고 있습니다. 동해를 일본해로 바꾸어 부른다는 것은 용납할 수 없습니다."

고명석의 발언은 거침없었다. 그의 발언을 자르듯이 조석명 외교통일위원회 위원장이 발언을 했다.

"동해는 우리 민족의 역사와 함께 해온 명칭입니다. 일제는 창씨개명으로 우리 국민 개개인의 이름을 바꾸려고 했을 뿐만 아니라 우리 자연 유산의 이름까지도 강탈했습니다. 그 대표적인 것이 동해 명칭입니다. 일본이 일본해라는 명칭을 국제수로기구에 처음 주장한 것도 우리가 일제의 침략하에 있었던 1920년대였습니다. 국제적으로 일본해라는 이름이 굳어진 계기는 1929년 국제수로기구의 『해양과 바다의 경계』 제1판에서 당시 일본의 주장에 따라 일본해라고 표기하면서부터였습니다. 동해라는 이름은 일제 때 일본에게 도둑맞은 것이나 다름없습니다. 이름을 잃는다는 것은 그 존재이유와 의미까지 상실하는 것입니다. 동해라는 이름을 다시 찾는 것은 또 다른 의미에서 해방이라고 할 수 있습니다."

외교부 장관은 간략히 원칙적인 입장을 답변하였다.

"우리 외교부도 의원님들의 주장과 같은 입장입니다. 동해를 일본해와 병기해야 한다는 정부 입장은 변함없습니다. 앞으로도 이러한 입장을 관철하기 위해 계속 노력해 나갈 것입니다."

그러자 국회 외교통일위원회 소속 신한국당 권명성 의원이 손을 들어 발언을 신청하면서 나지막하게 말했다.

"그런데 장관님, 한 가지 물어봅시다. 제가 얼마 전 미국 출장을 갔을 때 미 하원의원 몇 분들과 식사를 할 기회가 있었습니다. 이분들은 동아시아에 대해 어느 정도 지식이 있으신 분들인데…. 이분들이 하는 말이, 동해라는 표기는 지극히 한국적인 것으로서 미국 전문가들 사이에서는 일본해가 더 설득력이 있다고 합니다. 동해라고 하면 미국 사람들뿐만 아니라 세계의 많은 항해사들조차 어딘지 모른다는 것입니다. 차라리 일본해라고 하면 누구나 쉽게 그곳이 어딘지 금방 안다는 것이죠. 동해라는 명칭은 아시아 지역에서만 여러 군데 있다고 합니다. 베트남은 남중국해를 동해라고 하고, 중국은 동중국해East China Sea를 통상적으로 동해라고 부르고 있는 걸로 알고 있습니다."

권명성 의원의 말은 계속 이어졌다.

"지난 2014년 미국 버지니아 주 공립학교 교과서에 동해를 일본해와 병기하도록 의무화한 법안이 통과되었습니다. 이것도 이 지역 한인 교포들이 유권자로서 주 의회 의원들에게 정치적 압력을 가해서 이렇게 되었다고 말하는 사람들도 있습니다. 논리적 주장으로 지지를 얻었다기보다는 정치적 요소가 작용되었다는 겁니다. 동해라는 이름이 2천 년 전부터 중국과 한국에서 사용해 왔던 이름이라고 해도, 오늘날의 지리적 상식으로는 이해가 안 된다고 하는 사람이 많더라고요. 이렇게 반문하는 미국 측 인사들도 있어요. 예를 들면, 중국이 서해를 동해라고 주장하고 일본이 일본해가 아니라 서해라고 주장하면 한국은 어떻게 나올 것이냐고요? 상당히 엉뚱한 질문이기도 한데, 이 점에 대해서 외교부에서는 어떻게 생각하고 있습니까? 물론 저는 동해 명칭에 대한 우리 정부 입장을 지지하고 있습니다. 오해하지 마시길 바랍니다. 다만 미국에 가서 보니, 역사적 사실이나 우리 국민의 정서만을 가지고 동해 표기 문제를 주장하는 것이 매우 어려웠다는 점을 경험한 바 있기 때문에 질문하는 것입니다."

외교부 장관이 원론적인 답변을 하였다.

"동해라는 명칭은 특정 국가에서 볼 때 동쪽이 아니라 아시아 대륙의 동쪽이라는 의미를 지닐 수 있습니다. 우리의 입장은 동해 명칭만을 표기하자는 것이 아니라 일본해와 병기하자는 것입니다. 국제수로기구 등의 국제 규범에 의하면 두 나라 이상이 서로 다른 명칭을 사용하고 있고 하나의 명칭에 합의하지 못할 경우엔 명칭을 병기한다는 원칙도 있습니다."

외교장관의 답변에 대해 권명성 의원이 또 질문했다.

"우리 국내에서도 동해라는 이름 대신에 방위성이 없는 중립적인 다른 이름을 사용해야 한다는 주장도 있죠?"

외교부 장관이 답변을 하려는 차에 사회를 맡고 있는 고명석 정책위 의장이 끼어들 듯이 말했다.

"국제수로기구 제19차 총회가 내년 4월로 다가왔습니다. 만약 이때 동해 표기 문제가 우리 정부 입장대로 진행되지 않을 경우 국내 여론은 지금 정부에게 그 책임을 물으려고 할 것입니다. 이를 경우 야권이나 시민단체 등에서는 동해 이름을 포기한 정부로 낙인찍으려고 할 것입니다. 국민정서를 생각할 때 동해와 일본해 병기라는 정부 입장 이외의 다른 안은 아이디어 차원에 불과합니다. 정부로서는 다른 대안은 고려하지 않고 있습니다. 이 자리는 학술적 토의를 위한 목적이 아니므로 더 깊은 대안을 논의하는 것은 바람직하지 않을 수도 있습니다. 외교부에서 앞으로 더욱 다각적인 노력을 기울이기를 촉구하는 것으로 오늘 회의를 마무리하고자 합니다. 자칫 잘못하여, 오늘 당정협의회에서 동해가 아닌 다른 명칭을 찾아보는 것도 생각해 보기로 했다고 보도되면 절대 안 되겠습니다."

고명석 정책위 의장은 현실적으로 대안이 될 수 없는 아이디어 차원의 이야기를 가지고 더 논의할 필요가 없다고 생각하고 회의 마무리 발언을 이어갔다.

"한 가지만 언급하고 오늘 당정협의회를 마무리하고자 합니다. 지난 2011년 8월 국회 외교통상통일위원회는 동해 표기 촉구 결의안을 채택한 바 있습니다. 이때는 2012년 국제수로기구 총회를 앞둔 시점으로서 지금과 유사한 상황이라고 하겠습니다. 정부 관계자들께서는 이 결의안을 한번 찾아서 참고해 주시기 바랍니다. 이상 오늘 회의를 모두 마치겠습니다."

오전 국회 본관에서의 당정협의를 끝내고 광화문 정부종합청사 별관 외교부 청사로 돌아온 박명철 국장은 지난 2011년 8월 국회의 결의안을 찾아보았다.

동해 표기 촉구 결의안

제안 연월일 2011. 8. 31.

주문

대한민국 국회는 우리의 바다로서 동해가 갖는 역사적·민족적 중
요성에 주목하고, 그동안 범정부적인 노력으로 국제사회에서 동
해 표기가 꾸준히 확산되고 있음에도 불구하고 최근 국제수로기
구(IHO) 해양경계 실무그룹 의장이 동해 표기에 대한 공식 의견
을 요청하자 미국과 영국이 일본해 표기 의견을 제출한 것으로
알려지는 등 아직도 세계 다수 국가에서 동해가 일본해로 인식
되고 있는 현실에 깊은 우려를 표하며, 국제수로기구가 발간하는
『해양과 바다의 경계』 책자에 아직도 동해가 일본해로 표기되어
있는 바, 이를 시급히 시정하고 국제사회에서 동해 명칭이 정당한
자리를 찾기를 기원하면서, 다음과 같이 결의한다.

1. 대한민국 국회는 국제수로기구가 동해의 역사적 정당성을 인
   정하고 『해양과 바다의 경계』 책자 개정판에 동해를 표기할 것
   을 촉구한다.

2. 대한민국 국회는 일본해 명칭이 일제 강점기의 잔재라는 역사
   적 사실에 주목하고, 일본 정부가 동해 표기의 역사적 의의와
   정당성을 인정하고 동해 표기를 수용할 것을 촉구한다.

3. 대한민국 국회는 국제사회에서 동해 표기의 정당한 위상이 반
   영될 수 있도록 미국과 영국 등 각국 정부와 지도제작사 그리
   고 유관 국제기구들이 일본해 표기의 잘못된 관행을 시정할
   것을 촉구한다.
4. 대한민국 국회는 우리 정부가 각국과의 긴밀한 협의와 적극적
   인 교섭을 통해 국제수로기구의 『해양과 바다의 경계』 책자 개
   정판에 동해가 표기될 수 있도록 모든 외교적 역량을 결집하
   고, 궁극적으로 동해 단독 표기가 국제사회에서 실현될 수 있
   도록 지속적인 외교적 노력을 경주할 것을 촉구한다.

(제안 경위와 제안 이유: 생략)

박명철 국장은 김수정 과장과 동해 표기 담당 사무관을 국
장실로 불렀다. 수고했다는 격려와 함께 솔직한 의견을 듣고
싶어서였다. 박명철이 먼저 질문을 던졌다.

"김 과장과 유 사무관은 오늘 당정협의를 어떻게 생각하나요?"

그러자 김수정이 우려 섞인 목소리로 대답하였다.

"내년 4월로 예정된 국제수로기구 총회에서 우리 정부 입장

이 제대로 관철이 안 될 경우 국회 차원에서 강한 문책 요구가
있을 것 같다는 느낌입니다."

김수정이 대답하자 박명철이 말하였다.

"나도 그렇게 생각해요. 국회란 원래 책임은 지지 않으면서
정부의 잘잘못을 따지는 것은 잘하니깐."

그러자 유정미 동해 명칭담당 사무관이 말했다.

"우리 국회 일부에서도 동해 표기가 국제사회를 설득하는
데 논리적 한계가 있으며, 다른 제3의 명칭에 대한 관심도 없
지 않다는 점을 이해하게 되었습니다."

박명철이 갑자기 궁금한 듯이 김수정에게 말하였다.

"우리 국회에서 일본해 명칭이 '일제 강점기의 잔재'라고 공
식적으로 언급한 것은 눈여겨볼 필요가 있다고 봅니다. 그런
데 대한민국 국회의 결의안 내용에 대해 관심을 가지는 나라
나 국제기구가 얼마나 되겠나? 우리 국회가 미국, 영국 그리고

국제기구에 무엇을 촉구한다는 것이 얼마나 효과가 있을까, 의문시되네. 그런데 김 과장, 동해와 일본해를 병기하는 것이 언제 우리 정부의 공식 입장으로 결정되었나요?"

박명철은 언젠가 김수정에게 한번 조사해 봐 달라고 부탁한 것이 생각났다. 그러자 김수정이 대답하였다.

"약 20~30년 전 외교부 문서를 찾아보았습니다. 지난 1991년 대통령이 주재하는 범부처회의에서 민·관 전문가 의견 등을 수렴하여 동해 명칭이 우리 민족이 2천 년간 써온 고유 명칭으로 애국가의 첫 구절에 나올 만큼 우리 국민정서에 깊이 자리하고 있음을 감안하여 결정한 것으로 되어 있습니다."

김수정이 대답하자 박명철은 말하였다.

"대통령 주재 회의라…. 당시 대통령이라면 노태우 대통령 때이구먼…. 그런데 김 과장 이야기만 들어보면 국제사회에서 얼마나 설득력이 있는가 하는 측면보다는 역사적 사실과 국민감정을 주로 고려했다는 걸로 보이는데, 안 그런가?"

"그때 회의 분위기를 잘 알 수는 없으나, 제3의 다른 명칭을 심도 있게 고려하지 않은 것은 분명해 보입니다."

김수정은 지난 자료를 뒤져보면서 느낀 자신의 생각을 솔직하게 이야기했다.

"그런데 애국가의 작곡가는 안익태 선생님으로 잘 알려져 있는데, 작사는 누가 한 것인가?"

박명철 국장은 애국가의 첫머리가 생각나면서 문득 작사자가 궁금했다. 기다렸다는 듯이 유정미 사무관이 말했다.

"저도 궁금해서 그간의 경과를 찾아보았습니다. 애국가를 작곡하신 분은 안익태 선생님으로 잘 알려져 있고, 확실한 사실입니다. 그런데 애국가를 누가 작사했는가에 대해서는 두 가지 설이 있습니다. 윤치호 작사설과 안창호 작사설이 그것입니다."

"담당 사무관이 이런 것까지 알아보았구먼. 암튼 재미있으니 계속 설명해 보게."

국장의 조그마한 칭찬에 유정미 사무관은 자신감 있게 말을 이어갔다.

"지금의 애국가는 1935년 작곡가 안익태 선생께서 지은 〈한국 환상곡〉에 가사를 넣어 지금에 이르고 있습니다. 그 이전에는 1919년 대한민국 임시정부 시절 때 스코틀랜드 민요 '올드 랭 사인'에 가사를 넣어 불렀다고 합니다. 1948년 정부가 수립된 후 애국가를 공식 국가로 채택했습니다. 애국가의 작곡가는 안익태 선생이시지만 작사자는 공식적으로 '미상'으로 되어 있습니다.

지난 1955년 국사편찬위원회는 〈애국가 작사자 조사위원회〉라는 것을 구성하여 윤치호 선생이 유력하다고 결론 내린 바 있습니다. 하지만 흥사단 측은 2012년 안창호 작사설을 제기하기도 했습니다. 그런데 재미있는 것은 윤치호 선생은 YMCA에서 주로 활동한 기독교 친일파로 분류되는 한편, 안창호 선생은 흥사단을 결성하는 등 불교 독립운동가로 인식되는 경향이 있습니다. 흥사단에서 애국가 작사자 규명위원회를 만들고 2015년 국회도서관에서 이에 대한 연구논문 발표회까지 열기도 했습니다. 현재까지 윤치호 작사설에 대한 증거는 많지만 안창호 작사설에 대해서는 실증적 자료가 부족하다는 것인 일반적인 해석입니다."

박명철이 중간에 그녀의 말을 거들었다.

"윤치호 선생은 친일인명사전에 등록되어 있을걸…. 독립운동 측면에서 보면 윤치호보다는 안창호 선생께서 작사해 주었더라면 더 좋았을 텐데 하는 감성적인 면도 작용하겠지."

"국장님 말씀이 정확합니다."

박명철은 애국가 작사자에 대한 설명을 듣고 나서 마치 혼자 이야기라도 하듯이 말했다.

"애국가 때문에 동해 표기를 양보할 수 없다? 아니, 국민적 정서 때문에 동해 표기를 계속 주장할 수밖에 없다? 그것 참…."

외교가 국민적 정서를 고려해야 하지만 한편으로 국익과 국제사회에서의 용인 가능성도 고려해야 하는 것은 아닌가? 언제부터 우리 정부의 많은 정책 결정이 국민적 정서에 끌려다니게 되었는가? 이는 평소 박명철의 생각이기도 했다.

박명철은 오전의 당정 협의를 힘들게 마친 덕분인지, 집무실에서 담당 과장과 사무관과의 허심탄회한 대화가 좋았다. 그래서 좀 더 대화를 하고 싶어서 질문을 던졌다.

"그런데 지극히 사적인 견해를 한 가지 말해도 되겠나? 동해가 국제사회에서 받아들이기 힘들다면 제3의 이름을 사용하되 국내적으로는 동해라는 표현을 그대로 사용하면 문제가 없지 않겠나? 마치 우리나라, 중국 그리고 국제 사회에서는 황해라고 하면서 우리 국내적으로는 서해라고 하듯이 말이야. 그렇게 되면 동해로 시작되는 애국가 가사를 바꿀 필요도 없지 않나?"

김수정이 대답하였다.

"일부 학자들은 그렇게 주장하기도 합니다. 이는 동해 표기의 병기 문제를 어떻게 접근할 것인가의 문제라고 봅니다."

김수정의 대답에 박명철이 말하였다.

"애국가 작사자가 누구이건 간에 지금 우리의 애국가는 1910년대 이미 우리 민족의 정서를 바탕으로 형성되기 시작했

다고 봐야지. 동해를 국내용으로 생각한다면 애국가 첫머리를
'일본해물과 백두산이…'로 바꾸지 않아도 된다는 것인데….
그런데 병기는 어떻게 하자는 것인가? '일본해/동해' 또는 '동
해/일본해'인가?"

김수정이 말하였다.

"거기까진 아직 정부 입장이 정해진 것은 없습니다. 만약 국
제수로기구 총회에서 동해·일본해 병기를 결정하더라도 이미
일본해로 많이 굳어진 상황에서 '동해(일본해)'로 표기하는 지
도는 거의 없고, '일본해(동해)'가 보편적으로 사용될 것으로
개인적으로 전망해 봅니다."

박명철의 질문에 김수정은 조심스럽게 답변했다. 박명철은
우리의 애국가가 수난시대에 들어선 것 같다는 느낌을 지울
수 없다. 남북 분단으로 인하여 우리가 백두산을 실효적으로
지배하지 못하고 있는 상황에서 중국은 백두산白頭山을 장백산
長白山으로 부르고 있다. 그렇다면 애국가 첫 구절은 이렇게 시
작해야 하나? "일본해물과 장백산이 마르고 닳도록…."

— 2016년 5월 외교부 청사 회의실

"안녕하십니까? 저는 외교부 영토해양과장 김수정입니다. 지금부터 동해 명칭 표기 관련 전문가 자문회의를 개최하겠습니다. 오늘 이 자리에는 외교부 2차관님을 비롯하여 외교부 관계관, 청와대 외교비서관, 그리고 학계에서 교수님 몇 분이 자리를 함께 하였습니다. 오늘 회의는 비밀은 아니지만 정부의 외교적 대응 방안에 대한 자문을 구하는 자리이므로 비공개로 진행하고자 합니다. 이 자리에서 논의된 내용은 대외비로 해주시기를 부탁드립니다. 그러면 외교부 제1차관님의 인사말씀이 있겠습니다."

김수정 과장의 또박또박한 사회로 회의가 시작되었다.

"안녕하십니까? 외교부 2차관입니다. 바쁘신 일정에도 불구하고 오늘 자문회의에 참석해 주신 관계관 여러분들에게 깊은 감사를 드립니다. 동해 명칭 표기 문제에 대해 가장 중요한 역할을 하고 있는 국제수로기구의 제19차 총회를 약 1년 남겨놓은 시점에서 지금까지 외교부를 중심으로 정부가 노력해 왔던 점들을 평가해보고 앞으로 1년간 어떤 노력이 필요한지를 들어보고자 마련하였습니다. 참석하신 여러분들의 솔직한 의견 개진을 기대합니다. 그리고 오늘 회의결과를 바탕으로 내년 4월까지 1년간 더욱 노력하여 국제사회에서 일본해와 동해가 완전하게 병기 표기될 수 있기를 기대합니다. 그러면 먼저 국제기구 국장께서 그간의 경과에 대해 설명해 주시기 바랍니다."

이어서 내년도 총회 때 우리 정부 대표단장을 맡을 박명철 국장이 발언했다.

"안녕하십니까, 박명철 국장입니다. 잘 아시다시피 우리나라는 1991년 남북한이 동시에 유엔에 가입한 후인 1992년 제6차 유엔지명표준화 회의에서 처음으로 동해를 'Sea of Japan'으로 표기하는 것에 대하여 정부 차원에서 공식적으로 이의를 제기하고 시정을 요구했습니다. 그 이후 유엔의 관련 회의와 국제 수로기구 등에 이 문제를 지속적으로 제기해 오고 있습니다."

회의 참석자 대부분은 동해 표기 문제에 대한 전문가들이므로 박명철은 요점 위주로 지금까지의 경과를 간략히 설명했다. 현재 우리 정부의 입장은 동해와 일본해를 병기하는 것이다. 지난 2012년 국제수로기구 총회에서 이 문제에 대해 아무런 결정을 내리지 못했다. 내년 예정된 제19차 총회에서는 반드시 우리 정부 입장을 관철하기 위해 다양한 채널로 노력해야 하는 것이 외교부의 현안 중 하나이다.

박명철이 계속 말했다.

"최근 들어 세계 70여 개국에서 발간된 350여 개 지도를 분석해 본 결과, 안타깝게도 동해를 단독으로 표기한 지도는 단한 개도 없었습니다. 동해를 단독으로 표기한 지도는 우리나라 지도뿐이었습니다. 일본해로 단독 표기한 경우가 전체의 72퍼센트, 동해와 일본해를 동시에 표기한 경우는 28퍼센트였습니다. 세계의 지도 네 개 중 세 개는 일본해로 단독 표기, 나머지 한 개는 동해와 일본해를 병기하고 있다는 것입니다.

하지만 동해와 일본해를 병기한 지도의 비율은 점차 늘어나는 추세인 것은 분명하며 이는 우리 정부와 학계, 시민단체 등의 노력 덕분이라고 생각합니다. 그동안의 조사를 종합해 보면 세계 여러 지도들에서 동해·일본해 병기 비율이 2000년 2.8퍼센트, 2005년 18퍼센트, 2007년 24퍼센트, 그리고 최근에는 28퍼센트 수준입니다. 특히 일본을 제외한 G7국가들의 지도만을 대상으로 조사한 결과 동해·일본해 병기 비율은 절반을 넘어서고 있습니다. 제19차 국제수로기구 총회가 앞으로 1년 앞으로 다가왔습니다. 그동안 외교부는 80여 개 회원국들을 대상으로 우리 정부 입장이 관철될 수 있도록 다각도로 외교적 노력을 경주하고자 합니다."

"질문 있습니다."

박명철의 발표가 마무리되어 가려는 차에 갑자기 한국대학교 최종운 교수가 말을 꺼냈다. 한국사를 전공한 그는 학계에서 정부의 입장을 지지하고 역사적 사실과 논리를 외교부에 꾸준히 제공해 오고 있는 자타가 공인하는 동해 전문가이다. 최종운은 기다렸다는 듯이 말하였다. 아니, 단도직입적인 질문을 던졌다.

"수많은 세계 지도 중에서 동해 · 일본해를 병기하고 있는 경우가 전체의 1/4 이상 된다는 통계를 얼마나 신뢰할 수 있을지는 궁금합니다. 그리고 동해 표기 주장에 대한 국제사회의 지지가 꾸준히 증가하고 있다고는 하지만 앞으로 얼마나 더 늘어날까요? 지금보다 더 늘어나는 것은 사실상 어렵지 않을까요? 문제는 미국과 영국의 입장입니다. 이 두 나라의 입장이 바뀌지 않는 한 국제수로기구에서 우리 입장을 완전히 관철하는 데는 근본적인 한계가 있습니다. 우리 외교부는 미국과 영국의 입장을 어떻게 파악하고 있나요?"

단도직입적인 질문에 대해 박명철이 대답하였다.

"지금으로부터 5년 전, 제18차 국제수로기구 총회를 앞두고 미국과 영국이 동해의 일본해 단독 표기 입장을 제시한 것은 사실입니다. 하지만 실무 전문가 그룹에서의 의견 표시에 불과했습니다. 현재 미국과 영국 정부는 이에 대한 공식 입장을 유보하고…."

박명철이 답변을 채 끝내기도 전에 최종운 교수는 외교부 입장을 강하게 질타하듯이 발언을 이어갔다.

"미국과 영국이 공식 입장을 유보하고 있다고 말씀하실 모양인데요…. 저는 그렇게 생각하지 않습니다. 오히려 우리 외교부가 이를 실무 차원의 의견이라고 축소 해석하고자 하는 데는 문제가 있다고 봅니다. 미국뿐만 아니라 국제수로기구의 주요 회원국 실무자들은 아직도 일본 쪽 주장에 편향되어 있는 것이 엄연한 사실입니다. 잘 아시다시피 일본의 주장은 '일본해'만을 단독 표기하는 것입니다. 우리 외교부가 일부 통계를 가지고 우리 입장이 확산되고 있는 것으로 착각해서는 안됩니다. 또한 일본해 단독 표기에 제동을 걸었고 분쟁사안으로 만들었다는 것에 만족해서는 더더구나 안 됩니다."

이때 끼어들듯이 조성호 동해연구소 상임연구위원이 물었다.

"저도 한마디 하겠습니다."

조성호 상임연구위원은 발언 신청을 하자마자 자신의 생각을 거침없이 이어갔다.

"동해와 일본해를 병기하는 것이 우리 정부의 입장이지만 저는 이에 반대하는 입장입니다. 먼저 일본해라는 이름을 용인해서는 절대 안 됩니다. 그렇다고 동해 단독 표기를 주장하는 것도 아닙니다. 일본해라고 단독 표기해서는 절대로 안 되겠지만 동해와 병기해서도 안 됩니다. 동해·일본해 병기 입장은 따지고 보면 일본해라는 명칭은 인정하고 들어가는 것입니다. 한반도와 러시아로 둘러싸인 바다에 어찌 한 나라만의 이름을 붙인단 말입니까? 동해의 많은 해역은 주변국들의 배타적 경제수역EEZ에 속하지 않는 완전한 공해입니다. 여기에 특정 국가, 즉 일본이라는 이름을 붙이는 것은 '동해가 일본의 바다'라는 점을 국제적으로 인정해 주는 것이나 마찬가지입니다. 동해와 일본해를 병기한다면 세계의 많은 지도들은 '동해(일본해)'가 아니라 '일본해(동해)'라고 표기할 것입니다. '(동해)'는 더 작은 글자로 말입니다. 결국 우리의 독도와 울릉도가 일본해에 위치하고 있음을 사실상 용인하는 결과를 가져올 뿐입니다."

회의 시작부터 논의가 엉뚱한 방향으로 진행되고 있는 느낌이었고, 조성호의 발언이 과격해지는 것을 감안하여 외교부 2차관이 중간에 나섰다.

"조성호 박사님, 최종운 교수님의 발언도 남은 것 같은데 잠시 후에 발언해 주시면 안 되겠습니까?"

"제 발언의 요지는 간단하기 때문에 잠시 마무리 발언까지 하겠습니다."

조성호는 발언을 계속 이어갔다. 회의를 주재하는 2차관으로서도 어쩔 수가 없었다.

"물론 동해를 일본해라고 하더라도 이 바다가 일본의 바다가 되지는 않습니다. 하지만 이렇게 되면 독도 영유권 주장에도 나쁜 영향을 미치게 됩니다. '독도는 일본해의 한가운데 있는 섬이다'라고 일본이 대외적으로 홍보한다면 그다음부터는 우리가 아무리 독도 영유권에 관한 역사적이고 객관적 사실들을 주장하더라도 이미 늦었습니다. 우리 정부는 지난 1992년부터 아니, 그 이전부터 일본해라는 명칭 자체가 문제가 있음을 주장했어야 합니다. 그리고 만약 일본해와 병기해야 한다면 동해라는 명칭보다는 '한국해'나 '조선해'라고 해야 합니다. 18세기 세계지도에서도 '한국해'나 '조선해'라는 명칭이 나옵니다. 세계지도에서 '일본해'라는 명칭이 많이 사용되기 시작한 것은 19세기에 들어와서부터입니다. 일본에서는 19세기 말까지는 태평양 쪽을 '대일본해'로 표기하고 동해를 조선해라고 표기해 온 사례도 있습니다. 만약 우리 정부가 90년대 초반부터 조선해 또는 한국해 표기를 주장했다면 이 사안은 벌써 우리 정부에게 유리하게 전개되었을 것입니다."

조성호의 말은 계속되었다.

"백번 양보해서 동해라고 하더라도 '한국의 동해East Sea of Korea'라고 해야 합니다. 동해라고만 하면 어디의 동해라는 말입니까? 아시아 지역에서 'East Sea'라고 해본들 외국인들은 '일본이나 중국의 동해'쯤으로 인식할 수 있습니다. 인터넷 영어 검색창에 'East Sea'라고 쳐 보세요. 이스라엘 동쪽에 있는 사해dead sea에 관한 설명이 뜹니다. 동해·일본해 병기라는 우리 정부 입장은 결국 일본의 주장을 국제사회에서 더욱 설득력 있게 만들어 주면서 앞으로 독도의 영유권 주장에도 나쁜 영향을 미치는 결과를 초래할 것입니다. 지금부터라도 동해 표기에 대한 우리 정부 입장을 재검토해야 합니다."

조성호의 발언이 정부의 공식 입장과 거리가 멀어지자 김영기 청와대 외교비서관이 나섰다.

"지난 1992년부터 지금까지 우리 정부는 동해·일본해 병기를 일관되게 주장해 왔습니다. 그런데 이제 와서 갑자기 한국해 등 다른 이름으로 표기하자고 주장한다면 국제사회에 혼선을 일으킬 것입니다. 입장을 번복한 우리 정부에 대한 신뢰도 떨어질 것입니다. 우리 국민의 정서는 '동해'입니다. 우리 국민들은 동해가 아닌 그 어떤 다른 이름을 결코 받아들이지 않을 겁니다. 이 점을 분명히 하고자 합니다."

외교비서관은 조성호 박사의 발언을 받아들일 수 없다는 단호한 입장이었다. 하지만 조성호는 소신에 찬 듯이 말을 이어갔다.

"국민정서도 중요합니다. 하지만 국민정서를 만들고 이끌어가야 하는 것도 정부의 몫일 수 있습니다. 국제사회에서 우리 국민정서를 고려해 달라고 어떻게 주장할 수 있을까요?"

조성호 박사는 국민정서만을 고려하는 듯한 외교비서관의 발언에 대해 참지 못하고 반박하듯이 말을 내뱉었다. 그대로 두었다가는 두 사람의 설전으로 이어질 전망이라고 생각되었던지 외교부 2차관이 나섰다.

"김수정 과장, 말이 나온 김에 동해가 아닌 다른 명칭을 사용해야 한다는 주장이 있었던 것에 대해 그간의 주장을 설명해 보세요."

외교부 2차관이 영토해양과장에게 내용의 정리를 부탁했다. 김수정이 또박또박 대답하였다.

"동해를 동해나 일본해 대신 제3의 다른 이름으로 부르자는 제안은 일부 국내외 학자들 사이에서 간헐적으로 제기되어 왔습니다. 이들의 주장은 크게 두 가지입니다. 첫째, 동해는 방위성을 가진 이름으로서 일본에서 볼 때 서해라는 점에서 국회사회에서 공감을 얻는 데 한계가 있다는 것입니다. 역사적 사실은 둘째 치고 지극히 한국 입장에서 본 명칭이며 한반도 밖에서 볼 때 공감하기 어렵다는 문제가 있습니다. 둘째, 일본해라는 명칭은 일본의 바다로 오해될 소지가 있고, 공해에 특정 국가의 명칭을 사용하는 것이 문제가 있다는 주장입니다. 이러한 문제를 극복하기 위해 일부 학자들이 제3의 이름을 제안하고 있습니다. 먼저 극동해Far East Sea라고 하자는 주장입니다. 한일 양국이 모두 극동에 있으니 두 나라 사이에 있는 바다를 극동해라고 하는 것이 좋다는 것입니다.

하지만 극동이라는 것은 지극히 유럽중심적인 명칭이라는 문제가 있습니다. 지금의 세계지도는 유럽인들이 처음 개념을 정립하여 제작하기 시작했습니다. 그래서 아메리카 대륙은 지도의 왼쪽에 유럽은 중앙에 그리고 아시아는 오른쪽에 그렸던 것입니다. 그래서 아시아 동쪽 끝을 극동이라고 한 것입니다. 근동Near East, 중동Middle East이란 명칭과 같이 극동은 지극히 유럽중심적인 표현입니다. 지구는 둥글기 때문에 동쪽은 있지만 동쪽의 끝, 즉 극동極東은 없는 것입니다. 최근 들어 국제사회에서는 극동 대신에 동아시아라는 명칭을 사용하는 추세입니다. 물론 극동과 동아시아는 정확히 대상지역이 일치하지는 않습니다만….

그리고 어디까지 극동이냐, 하는 것도 문제가 됩니다. 동북아, 극동 러시아 그리고 동남아까지를 포함하는 것이 보편적입니다. 그렇다면 동해를 극동해라고 하는 것은 또 다른 문제가 있습니다. 극동에 있는 많은 바다 중에서 동해만을 극동해라고 하는 것이 되어버리지 않습니까.

이 밖에도 동북아해Northeast Sea, 청해Blue Sea라는 제안도 있습니다. 노무현 전 대통령님도 '평화해'라는 명칭을 검토해 보자고 제안한 바 있습니다."

　김수정 과장의 발언은 계속 이어졌지만 그녀의 잘 정리된 듯한 발언에 모두들 귀를 기울였다.

　"중국에서는 태평양 전쟁이 한창이던 1943년, 일본해 대신에 '태평해太平海'를 사용하자는 주장이 큰 호응을 얻은 적이 있습니다. 일본해라는 명칭은 태평양 전쟁을 거치면서 굳어진 이름이라고 해도 지나치지 않으므로 반드시 바꾸어야 한다는 여론이었습니다. 공자가 말한 '잘못된 이름이 잘못된 사고, 언어, 행동을 야기한다名不正則言不順'라는 생각에서 출발한 것입니다. 위유런이란 중국 학자는 '일본해라는 명칭은 일본의 내해를 만들려는 일본의 또 하나의 제국주의적인 주장에서 비롯되었다'고 1947년 발표된 논문에서 언급한 바 있습니다.

　심지어 '해결해解決海, Sea of Resolution'라는 명칭도 제안된 바 있습니다. 지난 2012년 영국 지명위원회 사무총장을 지낸 폴 우드먼의 아이디어입니다. 인접한 한국과 일본 두 나라가 바다 명칭 때문에 국제무대에서 서로 싸우는 것이 보기 좋지 않았던 것 같습니다."

김수정 과장의 일목요연한 발표에 대해 회의 참석자 모두 경청하는 분위기였다. 그녀는 업무 수첩에 이미 이러한 내용들을 정리해 놓고 있었기 때문에 갑작스런 발표 지시에도 망설이지 않고 설명할 수 있었다.

　　오늘 외교부의 이 자문회의도 정부의 공식 입장 범위 내에서 일 년 앞으로 다가온 국제수로기구 총회를 준비하는 차원에서 전략적 아이디어를 들어보기 위한 목적이었다. 하지만 회의가 외부 교수들의 강력한 비판적 발언으로 계속 이어지자 2차관은 서둘러 회의를 마무리할 필요를 느꼈다. 더 진행해 보았자 도움은커녕 외교부, 나아가 정부의 입장까지도 뒤흔들 분위기였기 때문이었다. 2차관은 회의를 빨리 끝내고 싶었다.

　　"오늘 여러분들의 귀중한 의견에 감사드립니다. 정부로서는 지난 20여 년간 견지해 온 동해ᆞ일본해 병기 입장을 하루아침에 바꿀 수 없다는 점을 이해해 주시기 바랍니다. 같은 바다를 가지고 우리는 동해, 일본은 일본해라고 주장하고, 이 주장이 수십 년간 계속 평행선을 달리는 것은 양국 모두에게 불행한 일이고, 국제무대에서 창피한 일이라 아니할 수 없겠습니다. 동해는 일본이 수용하기 어렵고 일본해는 우리 또한 수용할 수 없습니다.

바다의 명칭을 결정하는 데는 역사적 사실, 항해의 안전, 세계인들이 쉽게 찾고 기억할 수 있는 용이성 등 여러 가지를 고려해야 할 것입니다. 하지만 우리의 경우 동해라는 명칭이 가지는 국민적 정서도 고려하지 않을 수 없는 것입니다. 우리 애국가는 '동해물과 백두산이…'로 시작하고 있습니다. 동해가 국제사회에서 정식 명칭으로 인정받지 못하고, 중국이 동북공정의 일환으로 백두산의 이름을 장백산으로 바꾸고자 한다면 우리 애국가의 첫 구절부터 바꾸어야 하는 국민정서적 문제가 있습니다. 국민적 정서를 고려할 때 정부는 이러한 상황을 용납할 수 없다는 점을 잘 유의하셔서 앞으로도 좋은 자문을 계속 기대하겠습니다."

공직자로서 국민정서에 반하는 정책결정을 해서는 안 된다는 점을 박명철 국장은 잘 알고 있다. 국민정서법에 역행함으로써 여론과 언론으로부터 역풍을 맞은 사례를 종종 보아 왔기 때문이다. 문제는 역사적 사실과 우리 국민들의 정서를 바탕으로 '동해'라는 명칭을 고집하는 것이 우리 국민들의 자존심에 얼마나 도움이 될지는 모르겠지만 유엔 지명 전문가들이나 제3국 국민들이 보기에 얼마나 설득력이 있는지 의문시되었다.

그렇다면 동해 표기 문제에 대한 해결 방안은 없을까? 동해와 일본해를 나란히 같이 표기하는 것은 문제의 핵심을 비켜나가는 미봉책이라는 것이 박명철 혼자 생각이었다. 동해를 일본해라고 표기하는 것은 우리로서 받아들일 수 없다. 하지만 한국해Korea Sea로 표기하는 것도 바람직하지 않다. 일본해란 이름을 거부하면서 한국해로 주장하는 것도 모순이다. 우리가 국민정서가 있다면 일본에게도 국민정서가 있을 것이다. 우리가 일본해를 받아들일 수 없는 것과 마찬가지로 일본도 한국해 또는 조선해라는 표현을 받아들이려 하지 않을 것이다. 서해는 '황해'라는 또 다른 이름이 있어서 중국과 마찰이 없다. 이와 같이 '동해'도 동북아해Northeast Sea 또는 극동해Far East Sea 등과 같은 새로운 이름을 찾아보면 어떨까.

그러나 동해의 새로운 명칭은 국제적으로만 통용하면 되고, 국내적으로는 동해라는 이름을 계속 사용해도 문제될 것이 없을 것이다. 마치 우리가 '황해'와 '서해'라는 명칭 둘 다 사용하고 있는 것과 마찬가지이다. "동해물과 백두산이…"로 시작하는 애국가 가사도 바꿀 필요도 없을 것이다. 하지만 박명철 국장은 이러한 생각을 공개적으로 언급할 수 없었다. 만약 이를 공식적으로 발언한다면 여론의 질타를 받을 것은 뻔한 일이었다.

서양 고지도와
동해

— 2016년 7월 외교안보연구원 회의실

"오늘 이 자리는 동해연구소의 전문가들과 한국외국어대,
경희대 등에서 역사학을 전공하시는 교수님들을 모시고 서양
고지도에 나타난 동해 표기에 대해 솔직한 자문을 들어보고
자 마련하였습니다. 고지도 연구 특히 동해 표기 문제와 관련
한 고지도 연구에 있어서 국내 몇몇 교수님들의 열정적인 자
료 수집과 학문적 노력은 외교통상부로서도 크게 도움이 된다
는 점을 먼저 말씀드립니다."

외교부 2차관은 자문회의 모두 발언을 짧막하게 하였다. 이

일본해와 백두산이 마르고 닳도록…

자리에는 외교부 박명철 국제법률국장과, 김수정 영토해양과장 그리고 청와대 외교안보수석실의 외교비서관과 행정관 등이 참석했다.

먼저 최현회 교수가 말문을 열었다.

"서양 고지도에 나타난 동해 표현에 대해서는 이미 발표된 논문들이 많으므로 여기서는 간략히 이야기해 보기로 합니다. 지도란 일정한 규칙에 따라 지표면의 자연을 2차원으로 나타낸 것입니다. 지도는 제작 당시 그 사회가 가지고 있던 지식, 경험, 상상력 등을 반영하고 있습니다. 지도는 인간 지식과 경험의 집약체인 것이죠. 지도가 발전해온 과정은 인류의 자연에 대한 인식의 발달사 그 자체라고 할 수 있겠습니다."

최현회 교수는 프랑스에서 유학하는 동안 동해가 표기된 고지도를 접하고부터 동해 이름 찾기에 평생을 바쳐오고 있다. 그가 말을 계속하였다.

"지도는 세상의 재현이지만, 세상을 그대로 보여주지는 않습니다. 모든 지도는 지도 제작자의 의도로부터 자유로울 수 없습니다. 지도는 특정 방향에서 자연을 묘사하고 있습니다.

대표적인 사례로서, 오늘날 거의 모든 지도는 위가 북쪽이며, 아래가 남쪽입니다. 따라서 지도의 왼쪽은 서쪽, 오른쪽은 동쪽이 되는 것입니다. 방위를 뜻하는 영어 'Orientation'은 동쪽을 가리키는 라틴어 oriens에서 유래된 것입니다. 하지만 1979년 호주에서 맥아더란 사람이 제작한 지도에는 남북이 거꾸로 되어 있습니다. 즉 위가 남쪽이고 아래가 북쪽으로 제작되어 있습니다. 이렇게 되면 세계지도의 중심에 호주가 위치하게 됩니다."

지구 표면의 70퍼센트는 바다이며, 인류의 70퍼센트는 바다와 인접한 곳이나 바다에서 멀지 않는 곳에 거주해 왔다. 따라서 역사적으로 인류는 바다에 대한 관심이 지대했다. 유럽의 역사는 바다에서 시작되었다고 강조하는 학자도 있다. 유럽의 지도 제작 역시 바다를 중심으로 시작되었다. 유럽이 지도 발달 과정을 주도하다 보니 지금까지 모든 지도는 유럽의 시각이 반영되어있다. 하지만 유엔 깃발을 보면 약간 특이하다. 북극을 중심으로 내려다본 지도가 유엔 깃발이다. 따라서 어느 한쪽으로 기울어지지 않은 것이다. 유엔지도에서 경도는 45도마다 표시한 8개의 직선으로 표시되어 있고 그 중심이 북극이다. 북극을 기준으로 3개의 동심원은 위도를 표시하고 있다. 가장 작은 원이 북위 60도, 제일 바깥 원이 남위 60도를 표시하고 있다. 최현회 교수는 말을 이어갔다.

"오늘 이 자리에서 고지도라고 함은 대항해시대가 시작되었던 16세기부터 19세기 중반까지 서양에서 만들어진 지도를 이야기하는 것으로 합시다. 고지도에는 육지를 묘사한 지도와 바다를 포함하는 해도가 있는데, 동해 표기와 관련하여 우리의 관심은 당연히 해도입니다. 항해의 필요성 때문에 해도는 육지 지도보다 더 정확성이 요구되었습니다. 하지만 3~4백년 전만 해도 지리적 정보가 매우 부족한 상태에서 지도가 제작되어 왔습니다. 서양 고지도에 동해가 어떻게 표기되어 있는가 하는 것은 그 당시 지도 제작자의 지적 수준과 암묵적 의도가 숨어 있다고 보아야 합니다. 우리나라가 서양 고지도에 등장하기 시작한 것은 대략 16세기 중반부터입니다. 한반도는 섬으로 묘사되기도 하다가 나중에 반도 모양이 등장합니다. 서양의 지도 제작자들로서는 먼 극동의 변방에 대한 지리적 정보가 매우 제한적이었음을 알 수 있습니다."

최현회 교수의 발언은 지도에 관한 원론적인 이야기에서 시작하여 고지도에서의 동해 표기 문제로 넘어가기 시작하였다.

"16세기 중반 이후의 고지도상의 동해 표기를 살펴보기로 합시다. 먼저 1600년대 서양 고지도에서 동해는 Oriental Sea(동방해), Mer de Coree(한국해), Sea of Korea(한국해, 조선해) 등으로 표기되어 왔습니다. 17세기에서는 Mar Coria, Mare di Corea, Oriental Sea 등의 표기가 많이 나타납니다. 18세기 후반에 들어와서는 Gulf of Corea(한국만, 조선만), Mer de Coree(조선해), Mer de Japan(일본해)등으로 표기되고 있습니다. 그러다가 코리아해/일본해/동방해 등으로 병기하다가 19세기 중반에 들어와서부터는 일본해라는 명칭이 압도적으로 많이 사용되고 있습니다."

그는 서양 고지도에 대한 일반적인 설명으로 말을 계속하였다.

"일반적으로 고지도에서 멀리 떨어진 바다의 이름을 붙이는 데는 몇 가지 원칙이 있습니다. 첫째, 유럽에서 볼 때 바다의 위치가 어느 쪽에 있는가 하는 것입니다. 유럽의 시각에서 방위를 고려해서 명명하는 것입니다. 예를 들면 17세기 초까지 동해와 일본 남쪽 바다를 합하여 '동대양Ceanus Orientalis' 혹은 '동해Mare Orientalis'라고 한 것은 동해가 유럽의 동쪽에 있기 때문입니다. 둘째, 바다와 인접하고 있는 중요한 국가의 이름을 따서 붙이는 것입니다. 예를 들면 '인도양', '아라비아 해' 등이 그것입니다. 18세기 서양지도에서 '한국해'라고 표기한 것은 '한국에 인접한 바다'라는 의미도 있습니다.

서양 고지도 제작자들은 최초로 동해를 표기함에 있어서 유럽에서 볼 때 동쪽이라는 의미에서 Orient(동쪽)라는 이름을 사용하였을 겁니다. 그 후 조선의 존재와 이름이 서양에 점차 알려지면서 Korea, Coree 등과 같은 단어가 사용되었습니다. 조선은 계속 쇄국정책을 견지하지만 일본은 서양과의 문물 교류를 활발하게 함에 따라 일본이라는 이름이 서양에 널리 알려지게 되었고 19세기 들어와서부터 서양 고지도에 일본해라는 표기가 압도적으로 많이 사용되었다고 하겠습니다."

최 교수의 말이 길어지자 박민욱 교수가 끼어들듯이 발언했다.

"여기서 두 가지 점을 알고 넘어가야 하겠습니다. 첫째, 16~17세기 일부 서양 고지도에서 'Oriental Sea(동방해)'라고 표기한 사례는 당시 조선과 중국에서 '동해'라고 표기한 것과 전혀 무관하다는 점입니다. 단지 유럽의 시각에서 '아시아 대륙의 동쪽

끝에 있는 바다' 정도로 이해하고 '동방해'라고 표기한 것입니다. 우리 국민들은 동해를 단순한 방위의 개념이 아니라 우리 민족의 삶과 희망이 내포된 고유명사로 이해하고 있습니다. 따라서 일부 고지도에서 동방해라는 표현이 있다고 해서 동해 표기가 역사적으로 정당화되는 사례가 될 수는 없겠습니다.

둘째, 수백 년 전 서양 고지도에서 동방해, 조선해 등으로 주로 표기한 것은 일본의 존재와 이름을 알지 못했을 때였습니다. 서양 지도제작자의 지리적 지식이 쌓여감에 따라 일본의 존재를 알게 되었고, 일본과의 교류가 확대됨에 따라 일본해라를 표기를 사용하게 되었다는 점입니다.

서구인들에게 조선의 땅과 존재는 옛날에는 중국, 근대에는 일본에 가려서 제대로 보이지 않았을 것입니다. 그나마 유럽에서 제작된 고지도에서 코레아라는 표현이 있는 것만 해도 그 당시로는 의미 있는 발견이라고 해야 할까…. 이렇게 보면 수백 년 전의 서양 고지도에 나타난 동해 표기를 가지고 21세기에 들어와 우리 정부가 동해 명칭의 역사적 근거로 주장하는 것은 국제사회에서 큰 설득력이 없다는 것입니다. 옛날 지도제작자들의 제한된 지리적 정보를 가지고 오늘날 지명 표준화에 적용하는 것은 상식에 맞지 않는 것이죠."

"박민욱 교수의 그러한 생각은 일본 정부의 입장과도 매우 유사하네요."

최현회 교수가 말을 자르듯이 끼어들어서 비아냥거리는 말투로 비난했다. 박민욱 교수는 지지 않고 주장을 계속했다.

"불편한 진실이더라도 우리가 알 것은 알고 넘어가자는 겁니다. 만약 서양 고지도의 표현이 그토록 중요한 것이라고 한다면 우리는 '동해'라는 표현을 국제적으로 요구하기보다는 '조선해' 또는 '한국해'로 표기할 것을 주장하는 것이 더 합당하다고 봅니다. 많은 서양 고지도들이 '일본해'라는 표기를 광범위하게 사용하기 전에는 '조선해'로 많이 표기했으니까요. 고지도에 나타나는 명칭의 빈도로 보면 동해가 결코 압도적이지 않다는 점은 확실합니다."

그러자 최현회가 말하였다.

"우리가 일본해라고 단독 표기하는 것을 반대하는 것은 한국, 북한, 러시아, 중국 등으로 둘러싸인 바다를 일본해라고 부를 수 없다는 데 있습니다. 마치 일본이 소유하거나 일본과 직접 관련된 바다라는 느낌을 주기 때문입니다. 같은 이치로, '일본해'라는 명칭에는 반대하면서 '조선해' 또는 '한국해'라고 표기할 것을 주장하는 것은 모순입니다."

최현회의 대답에 박민욱이 말하였다.

"우리와 일본에서는 동해 명칭 표기를 이야기할 때 서양 고지도를 많이 들고 있습니다. 그런데 서양 고지도를 가지고 동해 표기문제를 주장할 때 몇 가지 한계가 있다는 점을 알아야 합니다. 첫째, 고지도는 멀게는 5백 년, 가깝게는 150여 년 이전에 제작된 것으로서 당시의 부족한 지리적 정보에 근거하고 있습니다. 둘째, 고지도는 모집단을 모릅니다. 수십만 장의 고지도가 있다고 하는데, 전수조사가 불가능합니다. 서양에는 고지도가 무수히 많습니다. 프랑스 국립도서관에만 60여 만 종의 고지도가 있다고 합니다. 제한된 숫자의 고지도들을 조사해서 동해, 한국해, 일본해 등으로 표기된 숫자와 비율이 얼마다라는 조사는 연구로서는 의미와 경향성을 파악하는 데 도움이 된다고 할지라도 동해와 일본해 표기에 결정적인 증거로 작용할 수 없습니다. 셋째, 고지도의 바다 표기가 중요하다고 할지라도 동해에는 다양한 이름이 있었습니다. 동해 이름이 아예 표기되지 않은 고지도도 많습니다. 먼저 표기되었거나 많이 사용되었다고 해서 그것만으로 이 바다의 명칭을 결정하는 데는 부족함이 많습니다. '동해'는 서양 고지도에서 일부의 지도제작자에 의해 한때 붙여진 이름일 뿐입니다. 같은 논리로 일본해라는 표기도 마찬가지입니다."

이어서 최현회 교수가 말하였다.

"일본 외무성 자료에 의하면 일본이 지금까지 조사한 고지도는 미국 의회도서관 1,213장, 대영도서관과 케임브리지 대학도서관 58장, 프랑스 국립도서관 215장 등 1,495장이었습니다. 이러한 고지도를 조사한 결과 일본해라는 표현이 압도적으로 많았다고 합니다. 한국은 2003년부터 2005년까지 대대적으로 조사했는데 그 숫자는 515장이었습니다. 조사 대상 고지도의 숫자가 많을수록 좋겠지만, 많다고 해서 결정적인 증거가 되기에는 여전히 부족하다는 점을 알아야 합니다."

다시 박민욱 교수가 대답하였다.

"지난 2014년 3월 서울에서 동해를 '조선해朝鮮海', 'Sea of

Corea' 등으로 표기한 국내외 고지도 전시회가 열렸던 적이 있습니다. 이 전시회는 동해 표기에 관한 한 절반의 성공이기도 하며 절반의 실패이기도 합니다. 조선해, Sea of Corea 등의 표기가 많이 나타난다는 것은 우리의 동해 표기 주장이 고지도 측면에서 정당성이 떨어진다는 점을 간접적으로 말하고 있는 것이나 다름없습니다. 즉, 동해의 옛 이름이 일본해가 아니었다는 점을 주장하는 데는 도움이 될지 몰라도 동해 병기 주장에는 역효과가 있는 전시회라고 생각합니다."

최현회 교수가 말을 자르듯이 박민욱 교수의 발언 중간에 끼어들었다.

"우리나라에서 고지도를 조사함에 있어서 자주 범하는 오류는 동양해, 조선해, Oriental Sea, Korea Sea, East Sea 등을 모두 동일한 표현으로 보려고 한다는 것입니다. 조선해와 동해, 동해와 동양해는 엄연히 다른 표현이고 다른 의미를 가지고 있습니다. 혹시 일본해가 아닌 다른 모든 명칭을 동해 표기의 정당성으로 묵인하고 넘어가는 일은 곤란합니다."

그러자 박민욱이 대답하였다.

"같은 논리로, 동해를 조선해로 표기한 일본 고지도가 무더기로 공개된 적이 있습니다. 지난 2011년으로 기억하는데요…. 조선해라고 표기된 일본 고지도로서는 1794년 가쓰라가아 호슈가 제작한 〈아세아전도亞細亞全圖〉, 1809년 다카하시 가케야쓰의 〈일본변계략도日本邊界略圖〉 등 30여 편이 발굴된 바 있습니다. 즉, 19세기까지 일본에서도 동해를 일본해가 아닌 조선해라고 불렀다는 것입니다. 국내 언론에서 이를 의미 있게 보도한 바 있는데, 이것 또한 우리의 동해 표기 주장에는 도움이 안 된다 할 것입니다. 일본의 일본해 표기 주장의 잘못을 반박하는 데는 도움이 될 수도 있지만 말입니다."

최현회가 말하였다.

"사단법인 동해연구소에서는 지난 2005년 워싱턴에서 '일본에서 제작된 고지도에 표기된 동해 명칭'이란 주제로 국제세미나를 개최한 바 있습니다. 이때 발표된 내용 중 재미난 이야기가 있습니다. 일본 정부가 동해를 조선해로 표기하다가 갑자기 일본해로 부르게 된 이유를 다음과 같이 설명하고 있습니다. 1853년 미국 페리 제독 함대가 일본을 방문하여 개항을 요구합니다. 이때 일본 에도 정부가 태평양을 '일본해'라고 하자,

미국조차 미국해Sea of USA라고 부르지 못하는데 어찌 일본이 일본해라고 할 수 있느냐고 지적했다는 것입니다. 그러자 일본은 슬그머니 일본해를 조선해 쪽으로 옮겼다는 것입니다."

최현회 교수와 박민욱 교수가 서로 주고받기식의 발언을 계속하던 중 박민욱 교수가 갑자기 외교부 관계자에게 질문을 던졌다.

"고지도가 한국 측이든 일본 측이든 간에 결정적인 답을 주지 않는다는 것은 분명합니다. 여기서 우리 정부의 입장을 확인해 보겠습니다. 외교부 차관이나 담당 국장이 말해 보세요. 동해와 일본해를 같이 병기해야 한다는 것이 우리 정부의 입장이죠? 일본해 단독 표기를 반대하는 것이지 일본해라는 표현을 사용해서는 안 된다는 것은 아니라는 말씀입니다. 그렇다면 동해와의 병기라는 조건이 붙어 있긴 하지만 일본해라는 표기는 수용한다는 것이죠?"

"……"

외교부 2차관과 국장은 침묵했다. 이 상황에서 무슨 답변을 해도 만족스러울 수 없다는 생각이었다. 박민욱은 답변을 못 기다리겠다는 듯이 말을 계속하였다.

"만약 동해·일본해 병기가 확산되고 난 다음에 우리 정부의 입장은 무엇입니까? 동해 단독 표기인가요? 어찌되었던 독도는 동해(일본해) 또는 일본해(동해)에 위치하게 됩니다. 세계 많은 나라 사람들은 동해는 어딘지 잘 모를 테지만 일본해라는 것 때문에 위치를 쉽게 짐작할 것입니다. 일본 옆의 바다라고, 말입니다. 지금이라도 우리 정부의 입장을 재고해야 합니다."

사이버 공간에서의
동해와 일본해

— 2016년 8월, 청와대 외교안보수석실

"김수정 영토해양 과장입니다. 먼저 사이버 공간에서 우리가 말하는 동해는 없습니다. 사이버 공간에서 동해의 이름은 없어진 것이나 다름없고 이미 일본해로 굳어졌습니다. 우리가 국제수로기구 등 국제사회에서 동해와 일본해 병기를 주장하고 있지만 인터넷상에는 우리의 동해 즉 East Sea란 단어는 없으며 일본해 Sea of Japan만이 존재할 뿐입니다."

청와대 외교안보수석실은 그리 넓지 않았다. 8명이 겨우 앉을 만한 좁은 회의용 테이블에 외교안보수석이 가운데 자리하

고 양쪽으로 외교부 국제법률국장, 영토해양과장, 담당 사무
관이 앉았고 외교안보비서관과 행정관이 마주하고 앉았다. 김
수정 영토해양과장이 먼저 말을 꺼낸 것이다.

"김 과장, 표현이 너무 과하지 않아요? 그렇게 단정적으로
말하지 말고 좀 부드럽고 원만하게 이야기해 하세요."

박명철 국장이 김수정의 발언이 못마땅하다는 듯이 퉁명하
게 말했다. 차관급 외교안보수석 앞에서 외교부 본부 과장이
절제된 발언을 하지 않는 것은 결례가 될 수도 있다. 외무고시
대 선배인 외교안보수석에게 찍히면 앞으로 좋은 보직을 받는
데 지장이 있을 수도 있다. 외교부에서 출세하는 데 지장이 있
을 수 있다는 생각에 박명철은 외교안보수석 앞에서는 항상
조심스러운 자세와 표현을 견지하였다.

"김 과장, 좀 더 자세히 설명해 보세요."

외교안보수석은 김수정의 이야기를 더 듣고 싶었다.

"수석님, 위키피디아 영문 홈페이지 en.wikipedia.org에 들

어가서 East Sea라고 쳐보시면 이렇게 나옵니다. 제가 간략히 영어를 섞어서 우리말로 번역해 보았습니다. 이것을 보면 우리가 말하는 동해 East Sea가 국제사회에서 얼마나 어떻게 이해되고 있는지 잘 알 수 있습니다."

김수정은 A4 용지 한 장을 나눠 주었다.

- Sea of Japan(일본해): 한반도와 러시아, 일본 열도 사이에 위치한 바다. 동해(한글로 동해, 한자로 東海, East Sea) 또는 조선 동해Korean East Sea라고도 한다. 일본해라는 이름과 다툼이 있다.
- East China Sea(동중국해): 중국의 동쪽에 위치한 바다. 중국어로는 東海라고 한다. 중국에 있는 (동서남북) 네 개의 바다 중 하나다.
- South China Sea(남중국해): 중국의 남쪽과 인도차이나 반도의 동남쪽에 위치한 바다. 베트남에서는 비엔동Bien Dong이라고 하며 동해라는 뜻이다.
- Baltic Sea(발틱해): 여러 언어에서 동해East Sea라는 의미.
- Dead Sea(사해): 이스라엘 동쪽에 위치한 소금호수. 성경에 동해라고 나와 있다.
- Mare Orientale(마레 오리엔탈): 동쪽 바다Eastern Sea라는 뜻으로

달이 있는 것

- Atlantic Ocean(대서양): 문학 또는 북미대륙에서 대서양을 동 해East Sea 또는 동부해Eastern Sea라고 말하기도 한다.
- Pacific Ocean(태평양): 문학작품 및 오스트레일리아, 뉴질랜드, 중국, 일본 등에서 태평양을 동해라고 하기도 한다.

"위키피디아에 정말로 이렇게 나와 있단 말이지?"

외교안부수석은 믿기지 않는 듯이 물었다.

"네, 그렇습니다. 지금 바로 인터넷 en.wikipedia.org에 들 어가셔서 'East Sea'라고 치면 이렇게 나옵니다. 하지만 'Sea of Japan'이라고 치면 우리가 말하는 동해에 대한 자세한 설명과 지도가 함께 나옵니다. 설명이 굉장히 자세하고 길지만 앞부 분 일부만 제가 번역해 보았습니다."

김수정이 나누어 준 A4 용지 한 장에 있는 것은 위키피디아 에서 Sea of Japan에 관한 영문 설명 중 일부를 우리말로 번역 한 내용이었다.

일본해The Sea of Japan는 아시아 대륙, 일본 열도, 그리고 사할린 사이에 위치한 서태평양의 일부로서 일본, 북한, 러시아 그리고 한국과 인접하고 있다. 지중해와 유사하게 태평양과 거의 차단되어 있어서 조수간만의 차이가 거의 없다. 이 때문에 해양 동물의 종 분포가 다르며 염분 농도도 태평양보다 낮다. 태평양 및 인접 바다와 연결되는 해협을 통한 바닷물의 유출입에 의해 바다 수위가 대부분 결정된다. 이 바다로 유입되는 강물은 전체 바닷물의 1퍼센트 이하로서 미미하다. 바닷물의 용존 산소량이 높아서 생물 다양성이 높은 것이 특징이다. 따라서 이 지역에서 어업은 주된 경제활동이다. 해양 운송은 정치적 문제로 인하여 그다지 많지 않으나 동아시아 경제 성장에 따라 지속적으로 증가하고 있는 추세이다. 이 바다를 한국은 동해라고 부르기를 주장하여 바다 명칭에 다툼이 있다.

"위키피디아뿐만 아닙니다. 전 세계 약 800만 개소의 지명 데이터베이스를 소개하고 있는 www.geonames.org에 들어가서 East Sea라고 치면 East China Sea(동중국해), East Siberian Sea(동시베리아해), East Black Sea Escarpment(흑해동쪽 경사면)이라고 나옵니다. 또한 미 정부가 운영하고 있는 geonames.nga.mil에서 East Sea라고 입력하면 이스라엘 사해Dead Sea가 나옵니다.

이와 같이 영어권 인터넷에서는 동해는 이미 Sea of Japan으로 알려져 있고, 이를 뒤집기란 쉽지 않습니다. 다시 말하자면 세계인들이 인터넷에서 동해를 알아보기 위해서는 East Sea라고 쳐서는 안 되고 Sea of Japan이라고 쳐야 하는 상황입니다.

한 가지 더 말씀드리면, 구글에서 제공하는 지도서비스로서 구글맵이 있습니다. 구글맵의 한국어 홈페이지 주소는 www.google.go.kr/mals입니다. 여기서 East Sea라고 치면 동중국해, 사해, 동시베리아해 등의 순서로 검색되어 나옵니다. 우리가 말하는 동해는 없습니다. 구글의 영문판이 아니라 한국어 서비스인 데도 그러하다는 것입니다. 우리 외교부가 구글 한국지사에 대해 이에 대해 시정을 요구하고 있지만 구글 측의 대응은 미온적이기만 합니다."

"내년도 국제수로기구 총회에서 동해와 일본해 병기를 결정한다면 그리고 많은 지도제작자들이 이를 받아들인다면 인터넷상에서도 변화가 있을 겁니다. 그래서 우리가 내년도 총회에 올인해야 한다는 것입니다."

박명철 국장은 긍정적인 기대감을 표시했다. 하지만 김수정 과장의 발표가 너무 부담스러워서 이 보고 자리를 빨리 마무리하고 싶었다.

"국장님, 저도 그렇게 생각하고 그렇게 노력하고 있습니다. 하지만 국제수로기구 총회의 결정이 사이버 공간에서 이미 보편화된 것을 얼마나 뒤집을 수 있을지 의심스럽습니다. 위키피디아 관리자에게 항의해서 East Sea라고 쳐도 Sea of Japan과 같은 검색 결과가 나오도록 항의할 필요도 있겠지만, 얼마나 받아들여질지는 궁금합니다.

한 가지만 더 말씀드리고 싶은 것이 있습니다. 지난 2012년 4월 미국 백악관 홈페이지가 동해 문제로 3시간여 동안 다운된 것이 있었습니다. 당시 미국 버지니아 한인회가 백악관 홈페이지 온라인 청원 코너인 '위 더 피플 We the People'에 일본해로 된 것을 동해로 바로잡아 달라는 인터넷 청원을 제출하고 사이버 서명운동을 벌인 것입니다. 서명운동을 시작한 지 30일이 되는 날 7만 명 이상이 접속한 것으로 나타났고 한국 측이 압도적으로 많았던 것으로 기억하고 있습니다. 사이버 공간에서 우리 국민들이 일본보다 훨씬 애국적이라고 하겠습니다. 하지만 그것만으로 모든 것이 해결될 수 있다고 생각하지 않습니다."

김수정 과장은 중립적인 듯하면서도 조심스럽게 회의적인 발언을 하였다.

"우리나라에서 동해를 2천 년 전부터 사용해 왔던 고유명사라고 하지만 국제사회에서는 '동쪽에 있는 바다'라는 뜻의 일반 명사로 이해하고 있다는 데 더 큰 문제가 있습니다."

"성경에 사해를 동해라고 표현하고 있다는 것도 처음 알았습니다. 성경에 어떻게 표현되어 있나요?"

외교안보수석이 궁금한 듯 질문했다.

"위키피디아에서 언급한 곳은 구약성서 두 군데입니다. 먼저, 요엘서 2장 20절은 다음과 같습니다.

'북에서 쳐들어온 자들을 내가 멀리 쫓아버리리라. 그들을 물 없는 사막으로 몰아내리라. 전위 부대는 동쪽 바다에, 후위 부대는 서쪽 바다에 쓸어 넣으리니, 그 썩는 냄새, 그 악취가 코를 찌르리라. 저들이 못할 일을 하였으므로 그 꼴을 당하리라.'

다음으로 에제키엘 47장 18절입니다.

'동쪽으로는 하우란과 다마스쿠스 사이에서 시작하여 길르앗과 이스라엘 땅 사이를 지나 사해에 흘러들어 가는 요르단 강이 경계를 이룬다. 그 경계선은 거기에서 다말에 이르러 끝난다. 이것이 동쪽 경계선이다.'

"오늘 외교부 담당 국장님과 과장님 등 실무자들을 오시게 한 것은 동해 표기 문제의 심각성 때문입니다. 내년도 여러 외교 현안들 중에서 특히 동해 표기 문제를 잘 관리하지 못하면 돌발 변수로 등장할 수 있다는 겁니다."

외교안보수석은 5개월 앞으로 다가온 국제수로기구 총회에 대하여 외교부가 철저히 준비해 줄 것을 당부하면서 말을 이어갔다.

"우리나라에서 여론의 중요성은 아무리 강조해도 지나치지 않습니다. 만약 국제기구에서 동해와 일본해 병기 주장이 받아들여지지 않는다면 국민 여론이 어떻게 악화될지 짐작하기 어렵습니다. 정권의 존립에도 영향을 미칠 수 있습니다. 이

명박 정부 때 광우병 사태를 보십시오. 광우병 문제가 그 당시 그렇게까지 악화될 줄을 아무도 예측하지 못했습니다. 광우병 사태는 미국과 관련된 사안으로서 반미감정과 연결되어 폭발적인 이슈가 되어 버렸습니다. 그런데 동해 표기 문제는 일본과 관련된 것입니다. 지금 정부는 출범 초기부터 한일 관계의 악화를 감수하고 과거사 문제와 관련하여 일본에게 강한 자세로 일관하였습니다. 덕분에 정부에 대한 비난이나 비판은 없었습니다. 일본과 관련된 사안이라면 우리 국민들은 일단 강하게 나가는 것을 기대합니다. 국민정서가 그렇다는 겁니다. 정부가 어정쩡한 자세만 취해도 국민들은 정부부터 질타할 것입니다. 한일 관계의 민감성은 여러분들이 더 잘 알고 있을 것이기 때문에 더 이상 말하지 않겠습니다.

내일 국무회의 때 대통령님께서는 외교부 장관님에게 동해 표기 문제에 대해 국제사회의 지지를 얻는 것이 내년도 중요한 과제 중의 하나라고 언급하실 예정입니다. 이를 미리 여러분들에게 알려드리기 위해 오늘 이 자리를 만들었습니다. 김수정 과장께서 말하신 '사이버상에서 이미 동해는 없고 일본해만 있다'는 견해는 안 들었던 사안으로 받아들이겠습니다.

그리고 동경에 있는 주일 한국 대사님에게 지시하여 빠른 시일 내에 일본 외무성 고위층을 만나 동해·일본해 병기문제

에 대해 우리 입장을 전달하고 담판을 지으라고 하세요. 이 사
안에 대해서는 대통령님께서도 관심이 지대하다는 점도 강조
하세요. 이만 회의를 마치겠습니다."

청와대를 나와 차를 타고 외교부 청사까지 오는 데는 신호
등을 고려해도 10분이 채 걸리지 않는다. 청사로 복귀하는 짧
은 시간 차 안에서 박명철 국장과 김수정 과장은 서로 아무 말
이 없었다.

일본은 한국의 주장을 이해할 수 없다

- 2016년 9월 동경 외무성 사무차관실

"안녕하십니까, 주일 한국 대사 김영문입니다. 오늘 제가 사무차관님을 찾아온 것은 동해와 일본해 표기에 대해 한일 간의 전향적인 타협을 모색하기 위한 것입니다. 잘 아시다시피 이 사안은 내년 4월에 열릴 예정인 국제수로기구 제19차 총회에서 다시 거론될 것이 확실시됩니다. 그 이전에 우리 한일 두 나라가 대타협을 이루는 것이 중요하다고 보기 때문입니다."

김영문 대사는 예의를 차려 말문을 열었다.

"김 대사님 반갑습니다. 일본에 부임하여 신임장을 받으신 지도 벌써 일 년이 넘었죠? 그동안 자주 만나야 하는데 양국 관계가 민감한 관계로 그러지 못했습니다. 안타깝게 생각합니다."

아키야마 카츠오 사무차관은 반갑게, 그러나 정중하게 인사를 건넸다.

"한일 양국 간에 여러 가지 외교적 현안이 있지만 일본해 · 동해 병기문제는 내년에 열릴 예정인 국제수로기구 총회 때 반드시 해결하기를 기대합니다."

"우리 일본 측에서도 그렇게 희망하고 있습니다."

"사무차관님께서도 잘 아시다시피 한국은 일본해 단독 표기를 받아들일 수 없는 입장입니다. 한반도와 러시아 극동지역 그리고 일본 열도에 인접한 바다를 일본해라고 명명하는 것은 주변국의 입장을 전혀 고려하지 않은 이름입니다. 일본해라는 표현만을 사용한다면 이 바다가 일본과 특수한 관계에 있거나 일본이 지배하는 바다로 잘못 인식될 가능성이 있습니다. 더구나 동해의 대부분은 한국이나 일본의 영해가 아닌, 공해입니다. 공해에 특정 국가의 이름을 붙인다는 것은 곤란합니다. 독도와 울릉도 등 한국의 섬들이 일본해에 위치하고 있다고 하면 한국민들은 이해할 수 없다는 차원을 넘어 국민적 분노로까지 치달을 수 있습니다. 국제수로기구에서 발간한 『대양과 바다의 경계』에는 26개의 바다 명칭이 있는데, 그중에서 특정 국가의 이름이 들어간 바다는 일본해뿐입니다."

"독도를 예를 드셨는데 다케시마라는 이름의 일본 섬이라는 점은 대사님도 잘 아실 것입니다."

"오늘은 동해 표기 문제만을 가지고 대화를 하고자 합니다."

"좋습니다, 대사님. 오늘 자리에서는 다케시마 문제는 언급을 하지 않기로 합시다. 바다의 이름이 일본해라고 해서 일본이 지배하는 걸로 인식할 사람은 국제사회에서 없을 것입니다. 일본 열도에 의해 태평양과 지리적으로 분리되었기 때문에 일본해라고 하는 것은 당연하다고 봅니다."

김영문이 작심하고 첫 번째로 주장한 논리에 대해 아키야마 사무차관은 다른 논리로 대응해 왔다. 김 대사는 두 번째 주장을 이어갔다.

"사무차관님, 이 사안은 일본의 편의대로 생각할 사안이 아니라고 봅니다. 1945년 한국이 일제로부터 해방됨으로써 한일 사이의 바다는 영해가 아니라 한국의 영해, 일본의 영해, 그리고 공해로 구성되게 됩니다. 양국의 배타적 경제수역도 있습니다. 영해의 의미가 지닌 것으로 오해될 수 있는 '일본해'라는 단 하나의 명칭은 폐기되어야 마땅합니다. 그러나 현재 국제사회에서 일본해라는 이름이 상당히 보편적으로 사용되고 있다는 점을 고려하여 한국은 우선 동해라는 명칭과 병기하자는 것입니다. 남·북한, 러시아 등 주변국들의 민족감정과 국익을 고려할 때 일본해라고 고집하는 것은 이 바다를 일본의 내해로 만들려는 또 다른 제국주의적 의도가 잠재해 있다는 일부의 주장도 있음을 감안하셔야 합니다."

"대사님께서는 '주변국'이라고는 하지만, 따지고 보면 국제사회에서 한국만이 동해라는 이름을 계속 주장하고 있습니다. 중국과 러시아는 일본의 입장에 반대하지 않습니다. 만약 한국이 일본해라는 표현을 가지고 제국주의 운운하시면 정말 오해입니다."

"사무차관님께서도 잘 아시겠지만 국제수로기구에서 일본해로 결정한 것은 지난 1929년이었습니다. 이때는 한국이 일본의 식민지 지배하에 있었으므로 일본해 표기에 반대할 수도 없었고, 동해라는 이름을 주장할 수 없는 상황이었습니다. 이를 계기로 일본해 표기가 국제적으로 널리 확산되었던 것입니다. 이 때문에 한국 내 일부 학자들은 일제 식민지 때 일본이 동해라는 이름을 강탈했다고 주장하기도 합니다."

"대사님께서 잘 모르시는 말씀입니다. 일본해라는 이름은 19세기 서양 고지도에서 널리 사용되기 시작하였습니다. 그 이전 18세기까지 서양 고지도에서는 '조선해' '동양해' '중국해' '일본해' 등 다양한 이름이 등장합니다. 그러나 19세기 들어와서부터 일본해라는 호칭이 다른 명칭에 비해 압도적으로 많이 사용된 사실이 확인되고 있습니다. 즉, 일본해란 이름은 19세기부터 구미인들 사이에서 확산되기 시작했고, 1929년 국제수로기구에서 이를 공식 확인한 것으로 봐야 합니다. 1929년 당시 어느 나라가 '동해'라는 명칭을 제기하였더라도 이것이 수용될 가능성은 없었을 것입니다."

사무차관의 이러한 설명은 일본 외무성 홈페이지에도 실려 있는 일본의 공식입장이다. 더 들어 볼 것도 없지만 사무차관이 이를 조목조목 구체적으로 언급하고 있다는 점은 실무진들이 미리 작성해 온 대담자료를 사전에 숙지했음이 틀림없다. 일본 외무성도 오늘 이 대담을 사전에 철저히 준비해 온 것이 틀림없다.

"사무차관님, 지난 100년 전의 자료를 가지고 일본해가 국제적으로 확립되었다고 주장하는 것은 곤란합니다. 2천 년 전부터 동해라는 표기가 한국과 중국의 옛 문헌에서 나타나고 있습니다. 또한 16세기부터 18세기까지 서양고지도에서 '한국해' '조선해' '동양해' '동해' 등 다양한 이름으로 등장합니다. 19세기 말부터 일본해라는 표현이 서양에서 많이 사용된 것은 그때부터 일본이 개항으로 국제적으로 널리 알려지게 된 것일 뿐입니다. 에도시대부터 일본의 문헌에 일본해라는 명칭이 등장하는데 그것은 지금의 일본해가 아니라 일본의 영해를 지칭하거나 태평양과 접하고 있는 일본 동쪽 해안을 지칭하기도 하는 명칭이었습니다."

"대사님의 견해에 전적으로 동감합니다. 동해라는 것은 아시아 대륙의 동쪽에 위치한 바다라는 의미도 있을 것입니다.

수백 년 전 지도를 만들 때 한국해, 동양해 등의 이름을 붙인 것도 당시 지도 제작자들의 지리적 지식이 매우 제한되었기 때문입니다. 유럽에서 제작된 지도는 유럽인들의 관점에서 붙여진 것입니다. 유럽에서 볼 때 아시아 대륙의 동쪽이라는 의미는 수백 년 전에는 합리적일 수도 있었을 것입니다. 하지만 19세기 들어와서 지리적 정보가 비교적 완전한 상태에서 국제적으로 붙여진 이름이 일본해라는 것입니다."

"국제지명표준화 회의 등에서는 해당 지역 주민들이 많이 사용하고 있는 명칭을 우선 고려한다는 원칙을 가지고 있습니다. 일본해로만 표기하는 것은 한국과 북한 주민 7천만이 사용하고 있는 지명을 적절히 고려하지 않은 것입니다."

"대사님, 서양 고지도에서 '아시아 대륙의 동쪽에 있는 바다'라는 의미에서 동해를 많이 사용했을 수도 있습니다. 하지만 지금 현재 아시아 대륙에 있는 국가들 중에서, 예를 들면 중국에서 일본해 표기에 대해 다른 이견을 제기하지 않고 있다는 점을 대한민국은 알아야 합니다."

"바다 이름을 정할 때 왼쪽에 위치하고 있는 대륙이나 국가의 명칭을 따르는 것이 일반적인 관례입니다. 중국과 한국 등

동아시아에서 볼 때 자연스럽게 동해 또는 한국해, 조선해라고 불린 것입니다. 같은 논리로 일본 열도의 동쪽, 즉 태평양 쪽을 일본해라고 한때 표기한 경우도 같은 원리라고 봅니다."

주일 한국 대사와 일본 외무성 사무차관은 팽팽한 논리 대결로 대담을 긴장 속에 진행하고 있다. 양측의 배석자들도 긴장감을 가지고 대담 내용을 기록하고 있다. 사무차관이 말을 이어 갔다.

"고지도뿐만 아니라 오늘날 세계지도는 유럽 즉 서양의 시각에서 제작되기 시작하여 오늘에 이르고 있습니다. 유럽에서 볼 때 아시아 대륙의 끝이라고 해서 극동이란 표현이 사용되고 있는 것도 이 때문입니다. 지도 제작의 이러한 역사적 관행을 바꿀 필요가 있습니다. 유럽에서 볼 때 동쪽에 위치한다고 해서 동해라는 표현이 타당하다고 주장하는 것은 21세기 태평양 시대에 걸맞지 않은 생각이라고 봅니다. 세계 여러 곳에서 '동쪽 바다'라는 이름이 존재하고 있습니다. 중국은 동중국해를 동해로 부르고 있습니다. 독일, 스웨덴, 덴마크에서는 발트해를 동해라고 합니다. 베트남은 남중국해를 동해라고 하구요. 이제 와서 일본해를 동해라고 표기하는 것은 또 다른 혼란만 초래할 뿐입니다. 항해사들뿐만 아니라 세계 각지에서 누구나 쉽게 찾을 수 있는 명칭이 바로 일본해입니다. 오늘날 일본해라는 이름은 전 세계 지도의 90퍼센트 이상에서 사용되고 있습니다. 한국이 동해라는 이름을 계속 주장하는 것은 국제사회에서 볼 때 대한민국이 괜한 지명분쟁을 야기하고 있다고 인식될 뿐입니다."

"사무차관님, 동해라고 병기하더라도 일본해라는 명칭은 없어지지 않기 때문에 일본에서 우려하는 그러한 혼란은 일어나지 않을 것입니다. 그리고 유럽의 북해North Sea를 예를 들어 봅시다. 방위 개념이 들어간 명칭이지만 이미 유럽에서는 고유명사로 정착했습니다. 동해라는 이름도 방위 개념을 가지고 있지만 관련 국가들에서는 이미 고유명사가 된 지 오래입니다. 지난 2012년 국제수로기구 총회에서 일본해 단독 표기 방안은 일본을 제외하고 다른 어떠한 회원국의 찬성도 없었습니다. 2017년 예정된 총회에서 이와 유사한 상황이 다시 벌어지는 것은 일본으로서도 바람직하지 않다고 봅니다."

"대사님, 일본은 그렇게 생각하지 않습니다. 당시 총회에서 일본해라는 표기가 받아들여지지 않은 것이 아니라, 한국의 동해 병기 제안이 받아들여지지 않은 것으로 보아야 합니다. 지명 표기 문제에 대해 일본과 한국이 다툼이 있으니 지켜보자는 차원에서 입장 표명을 유보한 것일 뿐입니다. 국제수로기구의 여러 회원국들은 일본해와 동해 병기 문제가 해양에 관한 기술적이고 전문적 사안을 넘어서 이제는 정치적이고 외교적인 갈등 이슈가 되었다고 보고 있습니다."

지난 2012년 회의 결과에 대해서 한국과 일본의 해석이 이렇게 다르다는 점을 다시 인식한 김종문 대사는 대담을 마무리해야겠다는 생각에서 결론을 끄집어내었다.

"한국은 현재로서 동해 단독표기를 주장하는 것은 아닙니다. 일본해라고만 표기하는 것은 문제가 있으므로 동해와 병기하자는 것입니다. 한일 양국이 공통의 명칭에 합의하기 전까지 두 명칭을 함께 사용하는 것이 바람직합니다. 내년 4월 예정된 국제수로기구 총회 때 이 점에 대해서 일본 측의 원만한 협조를 기대하는 바입니다. 일본이 한국의 주장을 존중하는 가운데 국제수로기구의 합의 권고사항을 원만히 수용하는 것이야말로 과거사 해결 차원에서도 도움이 될 수 있다고 봅니다. 이에 합의하는 것은 한일 관계가 미래지향적으로 발전하는 계기가 될 뿐만 아니라 국제사회에 한일 협력을 과시하는 상징적 조치가 될 것입니다."

"대사님께 즐거운 말씀을 드리지 못해 죄송합니다. 하지만 일본해와 동해를 병기하는 것은 임시방편일 뿐입니다. 병기 이후에는 어떻게 할 것인가요? 동해 단독 표기를 주장할 것입니까 아니면 제3의 이름을 찾아보자고 주장할 것인가요? 일본 정부로서는 지금까지 확립된 일본해라는 표현을 계속 사용하는 방법이 최선이라는 결론을 가지고 있습니다. 국내적으로 한국 정부가 국민정서에 부담을 가지고 있다는 점도 잘 알고 있습니다. 한 가지만 더 말씀드리자면, 국제수로기구 총회의 결정도 중요하겠습니다만 이 총회에서 동해와 일본해 병기를 결정하더라도 세계 여러 나라 정부의 홈페이지, 지도제작자, 교과서, 사이버 공간 등에서는 이미 Sea of Japan으로 굳어진 것을 쉽게 무시하지 못할 것입니다."

김영문은 가스미가세키에 위치한 외무성 청사를 뒤로하고 주일한국대사관 건물로 복귀하는 차 안에서 동승한 참사관에서 간략히 지시했다.

"오늘 사무차관과의 대담 결과를 잘 기록했죠. 이를 서울에 전문 보고할 때 나의 관측이라고 하면서 다음 세 가지 견해를 추가하세요. 첫째, 일본과의 타협이나 협상 가능성은 없어 보임. 둘째, 일본은 이미 일본해 표기가 굳어진 것으로 자신하고 있음. 셋째, 일본의 분위기 등으로 볼 때 어떠한 국제무대에서도 동해·일본해 병기 문제는 우리나라에게 유리하지 않아 보임."

통상적으로 외무성 사무차관이 주요 인사를 접견하여 대담할 때는 정무적이고 정치적인 발언으로 일관하곤 했다. 하지만 오늘 외무성 사무차관과의 대담은 역사적 사실까지를 포함하여 매우 구체적이고 감정적인 내용까지도 언급한 이례적인 내용이었다. 김영문 대사는 혼자서 중얼거리듯이 말했다. "해결이 쉽지 않겠군. 일본의 주장을 뒤집기도 점점 힘들어지는군…."

동해·일본해 병기의 불편한 진실

— 2016년 10월, 종로의 어느 일식당

"지금 한국 정부는 동해와 일본해의 병기를 주장하고 있습니다. 만약 이 주장이 먹혀들어가서 동해·일본해 병기가 보편화된다면 그다음에 한국 정부는 동해 단독표시를 주장할 것인가요?"

무라야마 요시카村山美樹 기자는 박명철 국장에게 물었다. 무라야마는 일본 언론사의 서울 특파원으로 근무한 지 5년이 넘었다. 한국말도 유창하고 한국에 대한 이해도 깊고, 한국 내각계 주요 인사들과도 종종 만나고 있다. 오늘은 퇴근 후 박명철과 한잔하면서 이런저런 이야기를 나누고 있다. 박명철이 주일 대사관 서기관으로 근무할 때 동경에서부터 무라야마와 종종 만난 인연을 지금도 서울에서 이어가고 있는 것이다.

"무라야마, 쉽지 않은 질문입니다. 지금 한국 정부의 입장은 동해와 일본해를 병기하자는 것이고 병기가 보편화된 이후에 대해서는 아직 정부 입장이 마련된 것이 없어요. 그때 가서 결정해도 늦지 않는 문제이니까 지금부터 확정할 필요는 없겠죠."

"하지만 동해 단독 표기를 주장하는 사람도 많죠?"

"많다기보다는 그러한 주장을 하고 있는 사람들이 일부 있습니다. 하지만 일본해가 국제사회에서 이미 관행적으로 널리 사용되고 있을 뿐만 아니라 동해 명칭만을 단독으로 사용해야 한다는 주장이 현실적으로 어렵다는 점을 감안하여 동해/일본해 병기 주장을 하고 있는 것입니다."

우리 정부 입장을 잘 알면서도 왜 묻고 있는가 하는 표정으로 박명철은 간단히 답했다.

"그렇다면 한국 정부는 어떻게 병기하겠다는 겁니까? 병기하는 데도 여러 가지가 있을 수 있습니다. 예를 들면 동해 · 일본해, 동해/일본해, 동해(일본해), 일본해 · 동해, 일본해/동해, 일본해(동해) 등이 있을 수 있습니다. 또는 어느 하나를 주로 사용하고 다른 이름은 부록이나 각주로 표시하는 방법도 있고…."

제법 기술적인 문제까지 무라야마는 질문하고 있다. 박명철은 말이 나온 김에 솔직하게 무라야마와 이야기할 필요가 있다고 생각했다.

"현재 병기하자는 것만 주장하고 있지 병기의 구체적인 방법은 지도제작자들에게 맡겨야 되지 않을까요?"

박명철은 갑작스런 기술적 질문에 대해 원칙적인 답변을 할수 밖에 없었다.

"일본 입장에서 볼 때 한국 사람들은 이름에 지나치게 목숨걸고 있는 듯한 느낌을 떨칠 수가 없어요. 예를 들면, 천안아산역도 천안과 아산이 서로 자기 이름을 주장하다 보니 함께 병기하게 된 것 아닙니까. 서울지하철은 세계에서 가장 깨끗하고 최신 시설입니다. 그런데 서울 지하철의 많은 역 이름은 병기를 하고 있습니다. 이름을 병기하고 있는 역을 제가 한번 조사를 해 보았습니다."

무라야마는 수도권 지하철 역 이름이 표기된 A4 용지 한 장을 박명철에게 내밀었다.

지하철 1호선: 제물포(인천대 제물포캠퍼스), 소사(서울신대), 역곡(가톨릭대), 구일(동양미래대학), 청량리(서울시립대 입구), 신이문(한국예술종합대), 월계(인덕대학), 방학(도봉구청), 망월사(신한대학), 덕정(서정대), 동두천중앙(한북대)

지하철 2호선: 충정로(경기대입구), 대림(구로구청), 서울대입구(관악구청), 교대(법원·검찰청), 삼성(무역센터), 잠실(송파구청), 강변(동서울터미널), 구의(광진구청)

지하철 3호선: 대화(킨텍스), 정발산(고양아름누리), 백석(건강보험일산병원), 경복궁(정부종합청사)

지하철 4호선: 정왕(한국산업기술대), 초지(신안산대학교), 중앙(서울예술대학), 대공원(서울랜드), 동작(현충원), 이촌(국립중앙박물관), 숙대입구(갈월), 회현(남대문시장), 한성대입구

(삼선교), 성신여대입구(돈암), 미아(서울사이버대학)

지하철 5호선: 신정(은행정), 오목교(목동운동장 앞), 광화문(세종문화
회관), 아차산(어린이대공원 후문), 광나루(장신대), 천호
(풍납토성), 굽은다리(강동구민회관 앞)

지하철 6호선: 새절(신사), 증산(명지대앞), 광흥창(서강), 안암(고대병
원 앞), 고려대(종암), 월곡(동덕여대), 상월곡(한국과학기
술원)

지하철 7호선: 부천구청(세림병원), 까치울(성공회대 입구), 숭실대 입
구(살피재), 어린이대공원(세종대), 군자(능동), 공릉
(서울과학기술원)

지하철 8호선: 복정(동서울대학), 남한산성입구(성남법원 검찰청)

지하철 9호선: 흑석(중앙대 입구)

"동해와 일본해 병기문제와 지하철 역 명칭문제는 서로 비
교할 수준이 아니죠."

기분이 언짢아진 박명철은 퉁명스럽게 반박했다.

"박 국장님, 저도 그렇게 생각합니다. 다만 일반적으로 한
국 사람들은 이름을 붙이는 데 지나치게 예민하다는 것을 엿

볼 수 있다는 겁니다."

무라야마는 박명철의 기분을 상하게 하지 않기 위해 정중한 태도를 가지고 있었다. 아닌 게 아니라 서울과 수도권 지하철역에 이렇게 많은 이름이 병기된 것을 새삼 알았다. 역 이름을 함께 적는 원칙도 잘 알기 어려웠다. 대학 이름이 많은 것도 대학의 로비 때문이리라. 그리고 서울지하철공사에서도 희망하면 돈을 받고 역명을 병기한다는 이야기도 들었다. '○○대학'과 '○○대학 앞'은 어떤 차이가 있을까. 아마 '○○ 앞'이라고 한 것은 지하철역에서 그 대학까지 거리가 좀 되기 때문이리라. 그런데도 굳이 지하철 역명에 이름을 넣으려는 대학의 마케팅 노력이 짐작은 안 되는 바는 아니지만 대학들의 명칭 병기 노력이 집요함을 알 수 있다. 최근 서울시는 지하철역 이름을 병기하는 대가로 돈을 받는 방안을 검토하고 있다. 기존 지하철역 이름을 그대로 두되 인근의 대학, 기업, 기관의 이름을 나란히 표기하고 사용료를 받는다는 구상이다.

"이뿐만 아닙니다. 서울지하철 역 이름이 인근 대학의 이름으로 완전히 바뀐 경우도 서울에서 22곳이나 된다고 합니다. 예를 들면 지하철 1호선 '외대앞역'은 원래 '휘경역'이었습니

다. 2호선 '화양역'은 '건대입구역'으로, '관악역'은 '서울대입구
역'으로 이름이 완전히 바뀐 경우입니다. 3호선 '동대입구역'의
원래 이름은 '장충역'이었습니다."

"무라야마 기자, 이 사안과 동해 표기 문제는 서로 다른 차
원입니다. 그런데 일본해 명칭이 일제 강점기의 잔재라는 견
해에 대해 일본에서는 어떻게 생각하시나요?"

박명철은 대화의 방향을 바꾸고 싶어서 무라야마에게 과거
사 문제와 관련하여 질문을 했다.

"세계적으로 지명에 대한 표준화 작업이 진행되던 시기는
지금으로부터 약 100년 전인 20세기 초반이었습니다. 그 당시
한국은 주권을 상실한 상태여서 지명 결정과정에 참여할 수
없었다는 한국 내 주장에 대해서도 알고 있습니다. 이에 대한
일본 정부의 입장은 분명합니다. 즉, 이미 19세기 초에 서양
고지도에 일본해라는 명칭이 널리 사용되고 있었다는 겁니다.
당시 일본은 에도시대로서 쇄국정책을 취하고 있었기 때문에
명칭 사용에 대외적 영향력을 행사할 수 없었죠. 한국 국토지
리정보원이 지난 2007년 11월에 발표한 서양 고지도 조사에서

도 19세기 이후 일본해라는 표기가 급증했다는 내용이 있습니다. 일본해라는 명칭이 일본의 확장주의와 식민지 정책 때문에 비롯된 것이라는 주장은 타당하지 않습니다. 한국 국회 등에서도 이를 잘못 인식하고 있는 경우가 종종 있습니다. 이에 대해서는 한국 외교부가 보다 적극적으로 설명할 필요가 있다고 봅니다."

박명철은 무라야마가 동해 표기 문제에 대해 제법 많이 알고 있다고 생각했다. 하지만 이는 일본 외무성의 공식 입장이므로 이 정도는 당연히 알고 있을 수도 있을 것이다. 무라야마는 일본 외무성의 공식 입장을 이어갔다.

"서양 지도에서 일본해라는 호칭이 처음으로 사용된 것은 17세기 초 이탈리아 선교사 마테오 리치가 작성한 곤여만국전도坤輿萬國全圖입니다. 그 후 18세기까지 서양 지도에서는 일본해 이외에도 '조선해Sea of Korea', '동양해Oriental Sea', '중국해Sea of China' 등 여러 명칭이 사용되었으나 19세기 초부터는 일본해라는 명칭이 다른 명칭에 비하여 압도적으로 많이 사용되고 있습니다. 이렇게 보면 일본해라는 이름은 19세기 서양에서부터 비롯된 것으로 봅니다. 제 의견이라기보다는 일본 외무성의 공식 입장이 그렇다는 겁니다."

"역사적으로 볼 때 한국인이 2천 년 이상 사용해 온 동해 명칭을 불과 100년 동안의 서양 지도상의 표기를 들어서 일본해라고 주장하는 것은 타당하다고 할 수 없지요. 그리고 지난 18~19세기 서양 지도를 보면 한국해, 조선해, 동양해, 일본해 등 다양한 명칭이 혼용되어 사용되어 온 것도 분명한 사실이 아닌가요?"

"일본해 표기가 일제 강점기의 잔재라는 논쟁을 떠나서라도 과거사를 반성하는 입장에서 일본은 일본해라는 이름을 계속 주장하는 것은 타당하지 않습니다."

동해 명칭 문제가 과거사로 이어지자 무라야마 기자도 관심을 더 가지는 표정이었다. 박명철 국장은 독일의 사례를 들었다.

"독일은 패전할 때마다 국경이 변경되었습니다. 특히 제1차 세계대전이 끝난 후 체결된 베르사유 조약으로 인해 독일은 해외 식민지를 모두 잃었고 알자스-로렌을 프랑스에 반납하는 등 영토의 13퍼센트를 잃었습니다. 그 이후 독일은 이에 대해 이의를 제기하지 않았습니다. 국제 협약을 준수한다는 측면과 과거사 반성의 차원이라고 봅니다.

하지만 일본의 경우 태평양 전쟁에서 패한 이후 일본 영토에는 변함이 없었습니다. 섬나라라는 특징도 있었겠지만 전후 처리 과정에서 일본이 혜택을 본 것은 분명한 사실입니다. 일본이 독일과 같이 과거사를 제대로 반성했다면 독도에 대한 일본의 영유권을 주장하는 일도 없었을 것입니다."

두 사람의 대화는 동해 명칭 표기 문제에서 시작하여 과거사와 독도 문제로까지 이어지고 있다. 무라야마가 말을 계속했다.

"1905년 5월 러일 전쟁이 한창일 때 러시아 발트 함대는 일본 해군으로부터 쓰시마 해협에서 엄청난 타격을 입고 일부는 독도 방향으로 도주했습니다. 러시아 함대가 마침내 항복한 것은 5월 28일 오전 10시 30분 다케시마, 한국이 말하는 독도 앞바다였습니다. 이 전쟁에서 승리함으로써 일본의 민족적 자긍심은 크게 올랐고, 일본은 동아시아의 주도권을 잡게 됩니다. 구 일본 해군은 이날의 감격을 간직하기 위해 5월 27일을 해군 기념일로 정했습니다. 일본에서는 이 해전을 '일본해 해전日本海 海戰'이라고 합니다. 이는 세계 5대 해전 가운데 하나 입니다. 이 해전 때문에 독도 앞바다는 일본이 약소국에서 강 대국으로 등장하게 되는 전승기념지가 되는 셈입니다. 이는 일본이 독도 영유권을 절대로 양보하지 못하는 역사적 이유의 하나가 되고 있다는 해석도 가능합니다."

무라야마의 설명에 박명철은 반박했다.

"만약 그렇다면 일본은 과거 100년 전 제국주의적 사고를 아직도 버리지 않고 있다는 것을 의미합니다. 패전한 지 70 여 년이 지난 지금에도 일본이 그때의 향수를 간직하고 있다 면 앞으로 일본은 과거사 반성은커녕 주변국들과 미래지향적 인 우호관계를 계속 유지해 나갈 수 없을 겁니다. 러일전쟁 이 야기가 나온 김에 한 가지만 더 말합시다. 일본에서는 '일본해 해전'이라고 말할지 몰라도 한국에서는 '쓰시마 해전對馬島 海戰' 또는 '동해 해전東海 海戰'이라고 합니다. 그리고 러일전쟁 때 일 본은 동해에서 러시아 군함의 활동을 감시하기 위해 울릉도와 독도에 해군 감시 초소를 설치하였습니다. 1904년 9월 울릉도 에 감시 초소를 먼저 설치했습니다. 그리고 쓰시마 해전이 일어나기 불과 4개월 전에 일본은 내각 회의를 열어 독도를 다 케시마竹島란 이름으로 시마네 현으로 편입시키고, 같은 해 2월 22일 시마네 현 고시로 발표하였습니다. 이어서 1905년 5월 27일과 28일 쓰시마 해전이 발발했고, 같은 해 8월에 일본은 독도에도 해군 감시 초소를 설치하였습니다. 오늘날 독도 영유권 분쟁도 따지고 보면 일본 식민 지배에서 비롯된 것입니다."

무라야마가 말을 이어나갔다.

"알자스-로렌 지방은 원래 프랑스 영토였기 때문에 독일이 패전과 동시에 반환한 것입니다. 하지만 다케시마, 한국이 말하는 독도는 원래 일본 영토였다는 점에서 차이가 있습니다. 과거사 문제가 나온 김에 한 가지만 말해봅니다. 한국은 일본의 과거사 반성이 여전히 미흡하다고 생각하고 있습니다. 하지만 일본은 이미 여러 차례 사죄의 뜻을 표한 바 있는데 한국은 정권이 바뀔 때마다, 국내 여론을 의식한 정치인들이 사죄 요구를 계속 반복하고 있다고 생각하고 있습니다. 즉 한국은 일본의 사죄가 진정성이 부족하다고 보고 있고, 일본은 한국이 골대를 계속 옮기고 있으니 더 이상 사죄할 의미가 없다,

라고 생각합니다."

이번엔 박명철의 설명이 이어진다.

"한국에서는 독일과 일본의 전후 과거사 사죄의 수준과 형태를 비교하면서 일본은 독일의 과거사 반성 태도를 본받아야 한다는 이야기를 계속하고 있습니다. 그런데 독일은 과거사를 철저히 반성하고 있지만 일본은 그렇지 않다는 점에 대해서는 여러 가지 연구가 있어왔습니다. 그중에 동서양의 문화적 차이를 가지고 설명하는 이도 있습니다. 독일은 서구 기독교 문명권에 속해 있습니다. 기독교에서는 모든 사람은 원죄를 가지고 태어납니다. 살아가면서 죄를 짓기도 합니다. 중요한 것은 속죄하고 회개하면 죄 사함을 받는다는 것입니다. 죄가 없을 수는 없지만 죄지은 것을 고백하고 반성하는 것이 중요합니다. 죄 사함을 받으면 새롭게 태어나는 것으로 생각합니다. 하지만 일본은 동양의 유교 문화권에 있습니다. 여기서는 사람은 죄를 짓지 않아야 하며, 죄를 지으면 자신의 체면이 손상될 뿐만 아니라 가문의 명예를 더럽히는 것으로 인식됩니다. 죄를 고해하고 죄 사함을 받는다는 개념은 없습니다. 죄를 지었다는 그것만으로 씻을 수 없는 오명이 있는 것이므로 자살로서 마무리하든지 또는 죄지었다는 낙인이 찍힌 채로 살아가는 것밖에 없습니다. 체면을 중시하는 유교 문화권에서 이는 견딜 수 없는 수치입니다. 독일은 제2차 세계대전의 잘못을 속죄하여 죄 사함을 받아서 새 출발할 수 있었다면, 일본은 죄를 인정할 수 없는 문화권이기 때문에 진정한 속죄를 기대할 수 없다는 것입니다."

"흥미로운 해석이네요."

무라아먀 기자는 재미있다는 듯이 박명철의 이야기에 빠져들었다. 일본에서도 한국 담당을 했고, 특파원으로 몇 년간 서울에 근무한 덕분에 무라야마 기자는 과거사에 대한 한국민의 정서를 누구보다도 잘 이해하고 있다고 생각했다.

"한 가지만 더 언급합시다. 지난 2015년 봄이었던 걸로 기억합니다. 당시 아베 신조安倍晋三 일본 총리는 중의원 회관에서 야당 대표들과 당수토론을 가졌습니다. 그때 공산당 대표가 물었습니다. 일본 총리로서 1945년 8월 포츠담 선언을 인정하느냐는 질문이었습니다. 포츠담 선언은 태평양 전쟁이 일본의 세계정복을 위한 전쟁이고 연합국이 일본의 침략을 처벌하기 위해 전쟁을 시작했다고 명기하고 있습니다. 전후의 일본은 포츠담 선언을 수락하면서 시작되었습니다. 포츠담 선언을 인정한다면 일본의 침략전쟁을 인정하는 것이 되며, 인정하지 않는다면 전후 체제를 인정하지 않는 것이 되는 겁니다. 이 질문에 당시 아베 총리는 포츠담 선언 중 그 부분을 꼼꼼히 읽어보지 않아서 논평을 보류하겠다고 피해갔습니다. 갑작스런 질문에 모범 답변이 준비가 안 되어 있을 수는 있었겠지만, 이는 제대로 된 과거사 반성이 부족한 일본 지도부의 풀 수 없는 딜레마입니다."

무라야마는 머리를 끄덕이면서 박명철에게 정중히 물었다.

"만약 중국이 서해에 동해라는 명칭을 사용할 것을 주장한다면 한국은 어떻게 하시겠습니까?"

"서해는 황해黃海, Yellow Sea라는 또 다른 이름이 있어서 그런 문제가 생길 여지가 없잖습니까?"

"만약 황해라는 이름이 없었고, 중국이 동해라고 표기를 주장한다면 한국민들은 어떻게 나올 것 같습니까?"

"무라야마 기자, 당신이 어떤 의도로 질문하는지는 잘 알겠소. 하지만 한국민들은 일본해라는 표기는 받아들일 수 없습니다. 한반도와 러시아, 일본으로 둘러싸인 바다의 이름이 어떻게 일본해라고 할 수 있단 말입니까? 일본해라는 이름을 버리고 차라리 제3의 이름이 더 나을 수 있습니다. '극동해', '동북아해' 등이 그것입니다."

"하지만 국장님, 그것은 한국 정부의 공식 입장이 아니지 않습니까?"

" ...... "

"한국에서 일본해라는 명칭을 받아들일 수 없는 것과 마찬가지로 일본 입장에서는 동해라는 명칭을 사용할 수 없습니다. 일본에서 보면 서쪽에 있는 바다를 어찌 동해로 부른다는 말입니까? 2천 년 전부터 한반도에서 사용해 왔기 때문에 동해라는 이름을 지금도 계속 사용해야 한다는 한국민의 정서는 한반도 내에서만 타당한 것입니다."

"그래서 일본해와 동해를 병기하자는 것입니다."

"많은 한국인들은 일본해와 병기하다가 궁극적으로는 동해라고 표기해야 한다는 주장을 하고 있습니다. 동해 · 일본해 병기는 중간 목표라는 것이죠. 한국 입장에서만 생각하는 지극히 주관적인 견해라고 볼 수밖에 없습니다."

무라야마의 비판적 주장은 쉬지 않고 계속되었다.

"국제적으로는 황해라고 하면서 한국 국내적으로는 서해라고 하지 않습니까. 마찬가지로 일본해라고 하면서 한국 국내적으로는 동해라고 하면 되는 것입니다. 한국 애국가의 첫 구절을 바꿀 필요도 없는 것이고요."

"일본해라는 표현은 일본의 주관적 주장일 뿐이에요. 그리고 일본해라는 표현은 독도 영유권에도 좋지 않은 영향이 있을 것으로 우려합니다. 예를 들어 국제적으로는 극동해라고 표기하면서 일본 국내적으로는 일본해라고 표기하는 것도 생각해 볼 수 있지 않습니까?"

"제가 일개 신문기자로서 거기까지는 대답하기 곤란합니다."

"일본 국민들은 중국과 한판 붙을 수도 있고 중국과 전쟁을 하면 승산이 있다고 생각하고 있습니다. 역사적으로 볼 때 일본은 지금까지 한 번도 중국을 섬기거나 정신적 지주로 생각한 적이 없습니다. 일본은 중국에 절대로 밀리지 않는다는 의식이 깔려있습니다. 일본은 중국을 무서워하지 않습니다. 중국도 일본을 함부로 할 수 없다고 생각할 겁니다. 일본 내 일부 극우주의자들만 이런 생각을 한다고 보기 쉽지만 결코 그렇지 않습니다. 일본인 대다수가 이런 생각을 하고 있습니다. 역사적으로 미국을 제외하면 일본을 점령한 나라는 아무도 없습니다.

하지만 제가 보기엔 한국은 중국과 한판 붙을 수도 있다고 생각하지 않고 있습니다. 아니, 그런 생각 자체를 하지 못합니다. 중국과 전쟁할 경우 절대로 이길 수 없다는 생각이 한국민들의 뼛속에 깊이 박혀 있습니다.

북한이 갑작스레 붕괴할 경우, 그리고 중국이 북한에 군대를 투입할 경우 한국은 어떻게 대응할까요? 모든 희생을 감수하고서라도 중국과 군사적으로 한판 붙을 의지가 있을까요? 아니면 외교적으로 해결한다는 빌미로 망설이다가 제대로 대응하지 못하고 북한이 중국에 넘어가는 사태를 지켜보고만 있을까요?

한국 사람들은 일본이 강한 자에게는 약하고 약한 자에게는 강하다고 합니다. 그럴지도 모르겠습니다. 하지만 한국과 중국과의 관계를 놓고 볼 때 한국은 강한 중국에게 한없이 약하기만 합니다.

국장님, 기분 나쁘셨다면 오해하지 않기를 바랍니다. 서해에 황해라는 또 다른 이름이 있는 것이 한국으로서는 정말 다행스런 일입니다. 중국이 서해라는 명칭에 이의를 제기하지 않고 있고, 서해를 중국의 동해라고 표기할 것을 주장하지 않는 것도 다행이라면 다행입니다."

박명철은 무라야마 기자의 날카로운 지적을 인내심을 가지고 듣고 나서 한마디 보탰다.

"사실 우리 한국민들은 일본에 대해서는 민족주의적 감정과 자존심을 내세우면서 민감하게 반응하고 있습니다. 하지만 중국에 대해서는 매우 둔감합니다. 역사적으로 볼 때 중국이 한반도를 침공한 것이 일본의 한반도 침략보다 더 많았죠. 조선시대 지배층들은 중국에 대해서는 소중화小中華로 자처하며 중국과 가깝게 지내려고 했습니다. 아니, 조선시대 선비들은 중국과 동일시하려고까지 했습니다. 19세기까지 한반도에 들어

온 모든 선진 문물이 중국으로부터였습니다.

멀리 조선시대까지 갈 것도 없습니다. 오늘날 한국의 지식인이나 정치인, 언론인 등은 중국을 비판하는 데는 매우 조심스러워하지만 미국은 신랄하게 비판합니다. 미국은 이를 참고 있으면서 내면적으로 중국에 대한 한국의 태도에 대해 여러 가지 생각을 하고 있을 것입니다. 지난 2011년 한미 자유무역협정FTA 반대 시위가 과격했다는 것은 우리 모두 생생히 기억하고 있습니다. 당시 이명박 정부에서 가장 힘들었던 시기였습니다. FTA 반대 촛불 문화제, 광화문 시위 등 자칭 진보단체들의 반대가 심했고, 과격했고, 상당 기간 오래 지속되었습니다. 사이버 공간에서도 비난 댓글이 넘쳐났습니다. 하지만 지난 2014년 11월 한국이 중국과 FTA를 체결했을 때 한국 국내의 반대의 정도는 한미 FTA 때와 비교하면 거의 없었던 거나 다름없었습니다. 오히려 한중 FTA가 한국 농민들에게 미치는 영향이 상당한 것으로 예상되었지만 말입니다."

박명철의 말은 거침없이 계속되었다. 무라야마 기자는 가끔 고개를 끄덕이며 듣기만 했다. 박명철이 말을 이어갔다.

"한국민들은 너무 순진하기도 하고, 자폐적 대외인식에 빠

져있는 것 같습니다. '자폐적'이라고 해서 죄송합니다. 자폐적
은 아닐지라도 자기중심적인 인식에 사로잡혀 있습니다. 이것
을 민족주의적이라고 표현해도 될지 모르겠습니다. 한국에서
는 중국과 일본을 나열할 때 '일본·중국', 또는 '일·중'이라고
하다가 언제부턴가 중국을 일본 앞에 부르고 있고 '중·일'이라
고 표현하고 있습니다. 과거사 문제가 아니라면 국교 수교 이
후의 역사와 민주주의적 정치 체제, 시장 경제 시스템 등을 볼
때 일본은 중국보다 한국에 더 가깝지 않을까요? 그렇다면 아
직은 '일·중'과 같이 중국 앞에 일본을 두는 것은 좀 생각해 볼
사안이라고 봅니다."

　　박명철은 술좌석이라는 분위기를 이용하여 자신의 생각을
너무 솔직하게 일본 기자에게 말해버렸다. 그런데 그의 이런
생각은 공직자들로서는 조심스럽지만 이전부터 학계나 언론계
일부 인사들은 한국의 대중 편향성을 지적해 오고 있었다. 그
만의 생각이 아닌 것이다.

— 2016년 11월 국회 본청 국방위원회 회의실

"국방장관에게 묻겠습니다. 최근 하와이에 있는 미국 태평양 사령부US PACOM를 다녀온 인사에 의하면 미군들이 사용하는 지도에 동해가 일본해로 표기되어 있다고 하던데 그렇습니까?"

주관중 국방위원이 국방부 장관에게 물었다.

"그렇습니다. 지난 2014년에도 유사한 문제가 발견되어 미국 측에 시정을 요구한 바 있습니다."

일본해와 백두산이 마르고 닳도록…

사전 질문서를 입수하였으므로 국방장관은 과거에도 비슷한 이슈가 있었다고 답변했다.

"이뿐만 아니라 워싱턴 미국 국방부 청사 펜타곤 안에 있는 '6·25전쟁 기념관'에 있는 지도에도 일본해로만 표기를 하고 있는 것을 아니나요? 6·25전쟁 당시의 전황을 여러 지도를 가지고 설명하고 있는데 모두 일본해로만 표기되어 있다는 것입니다. 이 기념관은 관광객들이 많이 찾는 곳입니다."

"우리 국방부는 공식 서한으로 미 측에 시정을 요구한 바 있습니다."

국방부 장관은 난감한 표정으로 답변했다.

"그런데 왜 아직까지 미 측에서 시정하지 않는 것입니까? 서울에 있는 한미연합사에서 사용하고 있는 지도에는 어떻게 표시되고 있습니까?"

"연합사는 한미 연합작전을 위해 우리 군이 사용하고 있는 것과 같은 지도를 사용하고 있습니다. 여기에는 분명히 동해라고 표기되어 있습니다. 하지만 주한미군이 단독으로 사용하고 있는 지도는 미 태평양사령부과 같은 것으로 알고 있습니다."

"다른 사례를 하나 더 지적하겠습니다. 지난 2010년 3월 26일 북한의 어뢰 공격으로 우리 해군의 천안함이 침몰하는 사건이 발생한 적이 있습니다. 그 후 한미 간에 대잠수함 작전 훈련을 논의하였는데 제프 모렐 미 국방부 대변인이 정례브리핑에서 이를 언급하게 되었습니다. 이때 그는 '동해'라는 표현은 단 한 번도 사용하지 않고 '일본해'는 네 차례나 언급하였습니다. 이뿐만 아닙니다. 2010년 7월 한미 외교·국방장관회담이 서울에서 열렸습니다. 이른바 2+2 회담이라고 하죠. 이 회담이 끝난 후 공동성명에서 '한반도 동쪽과 서쪽 해역'이라는 표현을 사용한 적 있습니다. 이는 '한반도의 동해와 서해'라고 표현했어야 좋았다고 봅니다. 국제수로기구와 유엔지명표준화 회의 등 국제규범에 따르면 관련 당사국 간 지명에 이견이 있으면 이름을 병기하도록 되어 있죠? 그럼에도 불구하고 '혈맹'이라고까지 하는 한·미 동맹관계에서 볼 때 우리 정부의 노력이 부족한 것 아닙니까?"

"미국 정부의 공식 입장은 국제 지명 표기에 있어서 하나

의 지명만을 사용하는 것이 원칙인 걸로 알고 있습니다. 미
국방부는 미 정부의 공식 입장과 미국지명위원회the US Board on
Geographic Names에서 결정한 것을 표기할 따름이라는 것입니다.
안타깝게도 현재 미국의 동해에 대한 공식 명칭은 병기가 아
니라 일본해 단독 표기입니다."

국방부 장관은 천안함 사건과 2010년 사례에 대한 지적에
대해서는 답변하지 않고 동해 표기문제에 대한 미국의 입장만
을 간략히 답변하였다.

"우리 정부의 대응이 안이하다는 생각을 버릴 수가 없습니다."

"우리 국방부도 사안의 중요성을 잘 알고 있으며 외교부와
공동으로 주미 한국대사관을 통하여 미 측에 계속 협조 요청
하고 있습니다. 미국 버지니아에 있는 노퍽 항구의 맥아더 장
군 기념관에는 우리 측의 문제 제기로 일본해 표기가 동해로
바뀐 사례도 있습니다."

"두 나라 이상이 하나의 지형에 대해 부르는 이름이 다를 경
우 명칭 합의에 노력해야 하고, 그렇지 못한 경우에는 각각의

명칭을 함께 사용해야 한다는 것이 국제수로기구 등 국제사회의 원칙입니다. 미국은 국제수로기구와 유엔지명표준화회의 등에서 영향력이 있지 않습니까? 그럼에도 불구하고 미국이 국제기구의 원칙을 지키지 않는다는 것은 심각한 문제라고 봅니다."

"동맹국 미국도 설득하지 못하는 무능한 외교력이라고 하지 아니할 수 없습니다. 정부에 책임을 묻고자 합니다."

— 같은 날 오후 청와대 외교안보수석실

"오늘 국회 국방위원회 전체회의 진행내용을 보고받았습니다. 동해 표기 문제가 국방부까지 불똥이 튀어갔다는 느낌입니다. 그런데 이 문제가 지나치게 이슈화되면 역풍을 맞을 수도 있습니다."

청와대 외교안보수석은 외교비서관과 국방비서관을 불러 차를 함께하면서 우려 섞인 한마디를 건넸다.
외교비서관이 조심스럽게 말했다.

일본해와 백두산이 마르고 닳도록…

"그렇습니다. 미국으로서는 한국과 일본이 모두 중요할 것입니다. 어떤 측면에서는 한국보다 일본을 더 중요시하고 있을지도 모릅니다."

국방비서관은 현역 육군 소장답게 국방부의 분위기를 전달했다.

"국방부로서는 국회로부터 외교적 사안에 대해 군사동맹까지 연결시켜서 비난받는 데 대해서는 난처한 입장입니다. 국방부가 나서서 해결하기엔 한계가 있습니다. 아니, 국방장관의 소관 사항이 아니라고 봅니다."

외교비서관이 말했다.

"국제수로기구 정기 총회가 내년 4월로 다가왔습니다. 외교부는 동해·일본해 병기 문제에 대한 우리 정부 입장을 이번엔 확실히 관철시키기 위해 노력하고 있습니다. 다만 이러한 외교적 노력 과정에서 몇 가지 유의할 점이 있다고 생각합니다. 먼저, 일본해 표기가 일제의 침략 잔재라고 설명하는 것은 우리 국민의 정서에는 부합할지 모르나 국제사회에서는 설득력이 부족하다고 봅니다. 우리와 일본을 제외한 다른 나라들은 이러한 주장에 관심이 없습니다. 심지어 '한국이 이런 것까지 과거사 문제와 연결하려고 하는가?'라고 생각하기도 할 것입니다."

외교비서관의 문제 제기에 대해 외교안보수석이 나섰다.

"일리 있는 주장이라고 봅니다. '일본해=일제 잔재'라는 주장은 일부 국회의원들이 주장하기도 하는데, 행정부에서 이러한 주장을 자제해 달라고 요청하기가 어렵다는 것이 문제입니다. 만약 정부에서 자제를 부탁하면 해당 국회의원은 이를 그대로 언론에 폭로할 것입니다. '모 고위공직자가 친일적인 사고방식으로 동해 표기 문제를 접근하려고 한다.' 등과 같이 주장할지도 모를 일입니다."

외교비서관이 말을 계속했다.

"둘째로, 각종 국제회의에서 동해 병기문제를 북한과 함께 공조하는 것은 바람직하지 않다는 것이 개인적 의견입니다. 지난 2012년 제 10차 유엔지명표준화회의에서 동해 명칭 표기에 대해 우리와 북한이 공조하는 모양새였습니다. 당시 일부 언론에서는 '남북한이 유엔에서 동해 표기 문제와 관련해 일본을 협공했다'라고 보도했습니다. 하지만 당시의 회의 분위기를 볼 때 '협공'은 전혀 아니었습니다. 그냥 여러 발언 중의 하나에 불과하였습니다. 동해 표기 문제가 중요하더라도 국제사회에서 불량국가로 찍힌 북한과 공동 노력하는 것은 설득력과 신뢰성 측면에서 도움이 될 것이 하나도 없다고 봅니다."

외교안보수석이 고개를 끄덕이며 말했다.

"저도 그 의견에 공감합니다. 정확히 말하면 북한은 동해를 '조선동해'라고 주장하고 있죠? 같은 논리라면 우리는 '조선'이란 단어를 사용할 수 없으므로 '한국동해'라고 주장해야 한다는 이야긴데, 글쎄요. 이 사안에 대해서는 외교부에 전달하여 내부적으로 검토를 부탁합시다."

외교안보수석이 긍정적인 답변을 하자, 외교비서관은 다시 말을 이어갔다.

"셋째, 동해라는 이름이 문제가 있다고 하면서 극동해, 조선해 등과 같은 제3의 이름을 사용해야 한다는 국내 일부 인사의 주장에 대해서는 자제시킬 필요가 있다고 봅니다. 협상에 도움이 되지 않으면서 쓸데없이 국내에서 에너지를 낭비시킬 뿐입니다."

"노무현 전 대통령님께서도 동해에 대한 다른 이름을 제기한 바 있는 걸로 알고 있습니다. 우리 정부가 동해 병기 문제를 국제적으로 제기한 것은 지난 1992년입니다. 지금에 와서 새로운 명칭을 대안으로 내놓는다는 것은 우리의 전략적 입장 수정이라고도 하겠지만 국제사회에서 비웃음을 사게 될 것입니다."

외교안보수석은 노련하게 입장 정리를 하였다. 외교비서관은 말을 이었다.

"동해·일본해 병기라는 정부 입장은 계속 견지할 수밖에 없습니다. 하지만 국제사회에서 동해는 방위성을 가진 개념으로 지극히 한국 국내적 입장이라고 공감하지 않는 외국대표들이 적지 않습니다. 또한 동해·일본해 병기는 결국 일본해라는 명칭을 수용하는 것이나 다름없다는 문제가 있습니다. 동해바다가 일본의 소유라는 느낌을 강하게 준다는 것이죠. 물론 바다의 명칭과 영유권은 전혀 별개의 사안이지만, 독도가 일본해 가운데 있는 섬이라는 것으로 생각이 굳어진다면 더 큰 문제라고 하겠습니다. 지난 2008년 7월 AP통신은 독도를 '일본해의 작은 섬들tiny islands in the Sea of Japan'이라고 표현한 적이 있었습니다. 캐나다 CBC방송도 독도를 '일본해의 작은 바위섬들 some rocky islets in the Sea of Japan'라고 한 적이 있었습니다."

외교비서관의 설명을 잠자코 듣고 있는 외교안보수석은 동해 표기에 대한 중국의 입장이 궁금해지기 시작했다.

— 2016년 12월 외교부장관 집무실

   한 달 전 외교부장관은 동해 표기에 대한 중국의 입장을 분
석해서 보고하라고 이종문 동북아시아국장에게 지시했다. 동
북아국장은 A4용지 몇 장의 보고서를 준비했다. 제2차관과 박
명철 국제법률국장이 장관실 보고에 배석했다. 외교부에서 동
북아시아국은 일본과 중국을 담당하고 있다. 미국을 담당하고
있는 북미국장과 함께 가장 중요한 지역담당 국장이다.

   –일본해日本海를 동해東海라고 하면 한국은 황해黃海도 서해西海로
바꾸고자 할 것이다–

이종문 국장이 말했다.

"이것은 2014년 7월 중국 네티즌들이 동해 표기 광고를 보고 나서 인터넷에 올렸던 대표적인 글입니다. 많은 중국 젊은 이들이 우리의 동해 표기에 대해 공감하지 못하면서, 동해 표기 문제가 해결된 다음엔 한국이 황해에 대해서도 서해라고 하지 않을까 장난 섞인 우려를 하고 있다는 것입니다."

한국 홍보전문가로 유명한 성신여대 서경덕 교수는 지난 2014년 7월 4일 중국 공산당기관지 '중국청년보'에 동해 광고를 게재했다. 시진핑 중국 국가주석의 방한을 앞둔 시점이었다. 이 광고는 신문 반면 크기의 흑백광고로 '당신은 알고 있습니까?'라는 큰 제목과 동해 명칭에 관한 역사적 사실을 요약한 내용이었다. 2000년 전부터 동해라는 이름으로 불려왔고, 이런 증거는 다른 나라 고지도에서도 많이 발견된다는 사실을 강조했다.
또한 서경덕 교수는 2014년 스위스 다보스 포럼이 열릴 때 중심거리에 다음과 같은 동해에 관한 대형 광고를 내걸기도 했다.

"Come visit East Sea in 2015!(2015년 동해를 방문하세요)

휴가 때 동해로 놀러 오세요. 당신은 아름다운 해변과 풍부한 수산물, 다양한 해양 스포츠, 일출 그리고 멋진 숙박시설 등 이 모든 것을 즐길 수 있습니다.

정말 끝내줍니다."

아무튼 중국청년보에 광고를 낸 후 당시 서경덕 교수는 언론 인터뷰를 통해 이렇게 말했다.

"중국 공산당기관지여서 심의가 무척 까다로웠다. 광고 디자인 및 문구 수정을 수십 차례 협의한 끝에 5개월 만에 결실을 봤다. 시점도 중요하기에 시진핑 방한에 맞췄다."

이 광고가 나간 후 중국판 트위터인 웨이보weibo, 微博에는 일부 한국을 지지하는 의견도 있었지만 부정적인 의견이 훨씬 많았던 것으로 보고서는 설명하고 있다.

현재 중국 정부가 발행하는 각종 지도나 교과서, 박물관 등의 지도에는 우리의 동해를 일본해로 표기하고 있다. 중국 정부가 운영하는 200여 개 인터넷 홈페이지들도 한결같이 일본해로 단독 표기하고 있다. 중국에 우리의 동해는 없는 것이다.

중국의 속내는 한국의 동해 표기 주장에 대해 공감하지 않는다는 분위기다.

중국에서 동해란 동중국해를 말한다. 중국인들은 중국 대륙의 남쪽 바다부터 남해, 동해, 황해, 발해 등으로 부르고 있다. 한국민들은 중국의 동해를 동중국해라고 부르고 있다. 물론 한반도 서쪽에 있는 황해를 서해로 명칭을 바꾸고자 하지는 않을 것이라는 점도 중국인들은 알고 있다. 하지만 한중관계가 좋아졌다고 해서 중국이 우리 주장을 그대로 수용할 것이라고 생각해서는 안 된다.

더 우려되는 것은 중국의 독도 표기에 있다. 중국은 2000년대 중반 공식 문서에 '독도(일본명 다케시마)'라고 썼다. 독도가 한국의 영토가 아니라 분쟁지역임을 인정한 것이다. 독도에 관한 우리의 입장을 전달하면 중국은 '검토해 보겠다.'라는 반응만을 보일 뿐이다. 검토해 보겠다는 것은 '검토하지 않겠다.'는 의미일 수 있다.

외교부 장관은 박명철 국장과 보고서를 준비해 온 동북아시아 국장에게 나지막하게 물었다.

"중국이 우리의 동해를 일본해라고 표기하고 있는 것은 문제입니다. 중국의 교과서에도 동해가 버젓이 일본해라고 표기되어 있다고 하지요? 2천 년 전 중국의 고전이라고 할 수 있는 후한서後漢書나 산해경山海經에도 '여진족들이 만주 남쪽 바다를 동해라고 부른다' 라는 기록이 있지 않습니까? 이를 보더라도 중국은 동해 표기에 대해 우리나라 입장을 지지해야 되는 게 아닌가요?"

"네, 장관님 그렇습니다. 그런데 중국의 입장이 묘합니다."

박명철 국장은 말을 이어갔다.

"중국이 동해라고 부르고 있는 것은 우리의 동해가 아니라 동중국해입니다. 그래서 일본해와 동해를 병기한다면 중국으로서는 동해가 하나 더 생기는 것입니다. 중국 외교부로서는 중국 인민들이 관심도 없고, 일부는 못마땅하게 생각하는 한국의 동해 표기에 대해 입장 변화를 하지 않으려 할 것입니다."

박명철의 부정적 견해에 대해 장관은 질책하다시피 반박했다.

"우리나라가 중국 정부에 대해 정식으로 동해로 표기해 달라고 요청한 바 있나요? 제가 알기로 지금까지 우리 외교부가 그러한 노력을 거의 하지 않은 걸로 압니다. 동해를 동해라고 불러야 하는 당위성과 역사적 사실들을 중국 측에 제시해서 설득해야 하는 게 아닌가요? 역사 바로잡기 차원에서도 중국을 설득할 수 있다고 봐요. 동해라는 명칭은 일본 제국주의 때 침탈당한 피해를 바로잡는 노력의 일환이라고 접근하면 중국도 공감할 것입니다."

박명철이 말했다.

"장관님 의견에 공감합니다. 그렇지만 일본 측에서도 중국에 대해 자기네 입장을 꾸준히 전달하고 있습니다. 특히 일본해라는 표현은 일제 식민지 때였던 1929년 국제수로기구에서 정해진 것입니다. 하지만 이미 19세기부터 서양 고지도에 일본해라는 명칭 표기가 압도적으로 많이 나오기 때문에 일제 때 침탈했다는 우리의 주장이 틀렸다고 반박하고 있습니다."

외교부 장관은 단호히 말했다.

"중국어로 된 문헌, 교과서, 지도들이 얼마나 많습니까? 중국어는 영어 다음으로 세계에서 가장 많은 사람들이 사용하고 있는 언어입니다. 가까운 이웃나라 중국부터 지지를 받지 못하면서 어찌 국제사회에서 우리의 입장을 지지해 달라고 하겠습니까? 지금부터라도 외교부는 새롭게 노력해야 합니다. 중·일관계가 나빠질 때를 이용해도 될 것입니다."

박명철이 공손히 답변하였다.

"잘 알겠습니다, 장관님. 하지만 동해 표기 문제를 가지고 일본과 한국이 중국에 매달리는 듯한 모양새가 되면 안 되겠습니다. 조심스럽게 접근하겠습니다."

외교장관이 말을 했다.

"박 국장, '조심스럽게…'가 아니라 적극적으로 대중 접근을 해야 합니다. 유념하세요. 애국가가 '동해물과…'로 시작하지 않고 '일본해물…'로 시작한다면 민족적 치욕입니다. 치욕! 동해가 일본해 단독 표기로 굳어진다면 우리 후손들에게도 낯을 들 수 없을 것입니다. 지금 이 자리에 있는 우리들은 동해 이름을 포기한 역적 같은 외교관으로 비난받을 것입니다."

외교부 장관의 지시는 당연하고 간단명료했다. 하지만 실천
은 쉽지 않다는 점을 박명철은 신음하듯이 혼자 생각했다. 같
이 배석한 이종문 동북아국장은 침묵했다. 외교부 장관의 지
시가 타당하다고 할지라도 중국의 반응을 이끌어내는 것이 불
가능하다는 점을 알기 때문이다. 이러한 경우 나서지 않는 것
이 최선의 처신이라는 것이 그의 생각이었다.

経済・外交
강대국 일본

— 2017년 1월 강남의 모 식당

"한국 사람들은 흔히 한반도가 세계의 중심이라고 생각하는데, 엄청난 착각이지. 동해 명칭을 고집하는 것만 봐도 우리 국민들의 애국심은 높이 평가해 줘야 하겠지만 맹목적이라고도 할 수 있겠지. 오히려 세계는 미국을 중심으로 움직이고 있고, 그 미국이 일본의 뒤를 받쳐주고 있다는 사실을 우리 국민들은 간과하고 있는 것 같아. 한국도 미국과 동맹관계에 있지만 아베 총리 등장 이후 미·일 관계는 더욱 가까워짐으로써 한국은 '미일 동맹 2.0' 체제에서 이중대로 전락했다고 하는 우려 섞인 목소리도 있지."

이종문 동북아시아국장이 나지막하게 말했다.

서초동의 조그마한 식당에서 외교부 박명철 국제법률국장과 이종문 동북아시아국장이 술잔을 기울이고 있다. 외무고시 동기였지만 둘만이 이렇게 저녁 자리를 하는 것은 처음이지 않나 싶었다. 모든 중앙부처는 1월이 되면 신년 업무보고 등으로 매우 바쁜 때다. 대통령이 주재하는 가운데 한 해의 업무 계획을 보고하는 것도 끝나고 해서 박명철의 제안으로 외교부 본부 국장 두 명이 홀가분한 기분으로 오붓하게 저녁 술자리를 함께하고 있다.

"자네, '국뽕'이란 말 들어보았나? 국가와 히로뽕을 합친 말인데 국가에 대한 자긍심에 과도하게 도취된 나머지 무조건적인 한국 찬양을 비아냥거리는 말이지. 한국인과 한국 사회의 우월한 유전자를 국제사회에서 끊임없이 확인받고자 하는 심리적 현상이라고도 하겠지. 예를 들면, 우리의 김치는 세계에서 가장 뛰어난 발효식품이고, 한옥은 세계에서 가장 뛰어난 건축 양식이며, 한복은 가장 아름다운 전통 복장이라고 생각하는 것이지. 외국 사람들만 보면 '싸이의 강남스타일을 아느냐?'라고 묻는 것도 국뽕의 하나로 볼 수 있어. '한반도 동쪽에 있는 바다이기 때문에 동해여야 한다'고 주장하는 것도 우리 입장만을 내세우는 것으로서 국뽕의 연장선상에서 볼 수도 있다고 봐."

이종문의 색다른 해석에 박명철은 아무런 공감의 표시를 하지 않으면서 자신의 고민을 털어놓기 시작했다.

"올해 우리 국제법률국의 최대 현안은 오는 4월로 다가온 국제수로기구 총회에서 동해와 일본해 병기 주장을 관철시키는 것일세. 잘된다면 지난 30여 년간 끌어왔던 일본과의 외교 갈등 사안을 하나 해결하는 것이고, 만약 안된다면 그 책임은 온전히 나에게 돌아오겠지. 잘해야 본전인 외교현안이 뜨거운 감자로 내 손안에 있네."

박명철은 어색한 웃음을 지으며 어두운 표정으로 말을 이었다.

"우리가 일본해라는 표현을 받아들일 수 없는 것과 마찬가지로 일본은 동해라는 이름을 받아들일 수 없겠지. 동북아 지역에서 이웃한 두 나라가 결국 서로가 받아들일 수 없는 카드를 가지고 국제무대에서 싸우고 있는 상황이야. 사실 지금 정

부로서도 이 사안이 잘 해결되지 않을 바에야 해결되지 않은
상태로 다음 정부로 넘어가는 것도 다행스러운 일일 수도 있
겠지."

"동해·일본해 병기문제는 이미 국제사회에서 싸움이 끝났다
고 보는 게 좋을 것 같아. 일본해로 굳어진 것이나 마찬가지야."

이종문이 조용히 짤막하게 결론 같은 이야기를 내뱉었다.
이종문은 외교부 내에서 자타가 공인하는 일본통이었다. 외무
부 입부 후 본부에서는 주로 일본을 담당하는 동북아 1과에서
근무했고 해외공관은 주로 동경 대사관에서 근무했다. 일본어
도 유창하고 일본 내 지인도 많다. 오늘 이 자리는 박명철로서
는 일본 전문가와 함께 비공식적인 대화를 하고 싶어서 만든
것일지도 모른다. 이종문이 말했다.

"국제사회에서 일본의 위상은 한국이 생각하는 그 이상이라
고 봐야 해. 일본 특유의 조직력과 로비력으로 세계를 친일파
로 만든 지 오래야. 친일이란 표현에 거부감이 있다고 한다면
일본에 우호적인 국가들이 많다는 것으로 표현을 바꾸어 생각
해도 되겠지. 동해 표기 문제가 국력싸움은 아니라지만 결국

국제무대에서 한국과 일본의 다툼이라고 본다면 이 게임은 끝난 것이야. 문제는 한국 대통령과 정부가 동해 표기를 포기할 수 없어서 국민들에게 제대로 말은 못 하고 끌어가고 있는 처지라고나 할까."

박명철이 개인적 어려움을 토로하듯이 말했다.

"우리 정부가 동해와 일본해 병기를 주장하기 시작한 다음부터 지금 세계 지도의 1/4 정도는 병기하고 있다고 보고 있어. 하지만 이것이 한계인 것 같아."

박명철은 긍정적인 듯하면서도 부정적인 입장이었다. 이종문이 말했다.

"경제적으로 볼 때 일본의 국력은 독일과 프랑스를 합한 것만해. 일본의 국내총생산 GDP는 4조 9천억 달러로서 독일 3조 600억 달러와 프랑스 2조 5200억 달러를 합친 것보다 약간 적은 수준이지. 한국 사람들은 중국이 급부상하는 것을 보고 일본은 간과하는 측면이 있는데, 아직 일본은 우리가 생각하는 만큼 그렇게 약하지 않아. 일본 인구는 1억 2,736만 명으로 우리의 4,886만 명보다 2.6배 많지. 일본의 GDP는 한국보다 5.2배 많고, 증시 시가총액은 일본이 우리보다 3.6배나 많아. 제2차 세계대전 이후 동북아 지역에서 두 개의 지각변동이 있었다면 첫째는 중국의 급부상이고 둘째는 한국과 일본의 대등화라고 할 수 있지. 하지만 한국이 일본과 정말로 대등화되었다고 생각한다면 착각이라고 봐. 여러 면에서 일본은 한국보다 3배 내지 10배 더 큰 나라야. 다만 말로 하는 외교무대에서 우리가 일본에게 사안별로 당당히 이야기하고 있다는 측면에서 대등화되었다고는 할 수 있겠지. 그렇다고 해서 국제사회에서 우리가 일본과 대등한 지지를 받고 있다고는 할 수 없지만….

한 가지 재미난 통계를 말해볼까. 일본 밖 세계 여러 나라에 있는 일식당의 수는 8만 8,703개라는 통계가 있어. 지난 2015년 7월 기준 통계인데 일본 농림수산성이 해외 195개 공관을 통해 전화번호와 인터넷 음식 사이트에 올라온 일식당을 집계한 것이지. 하지만 우리나라 한식재단에 등록된 해외 한식당 수는 1만 356개라는 통계가 있어. 이것만 보면 일식은 한식보다 10배 많이 국제화되었다고 볼 수 있지. 더욱 중요한 것은 해외 한식당들은 대부분이 한인 밀집지역에 위치하고 있는 반면 일식당은 세계 각국에서 현지인들을 대상으로 더 많이 활

발히 영업하고 있다는 것이야. 문화적 힘을 소프트 파워라고 한다면 세계적으로 일본의 소프트 파워는 한국을 월등히 능가하고 있는 것이 현실이지.”

이종문은 일본의 국력과 문화적 힘을 언급하면서 내친김에 과거사 문제까지도 언급하기 시작했다.

“일본의 아베 총리가 취임하면서부터 과거사 문제로 한일관계가 한동안 급랭했지. 보다 정확히 말하자면 야스쿠니 신사참배와 종군위안부 문제 때문에 한일 외교관계가 틀어지기 시작했지. 이 지구상에서 한국, 중국 그리고 북한 이외에 야스쿠니 신사참배를 이슈화하거나 비난하는 나라는 없어. 북한은 제대로 된 나라가 아니라고 한다면 한·중 양국만이 이 문제를 거론하고 있는 셈이지. 다른 나라들은 관심도 없어.”

박명철이 말했다.

“미국은 일본 우익의 역사관에 대해 일본 국내 정치 문제라고 간주하고 있을 거야. 미국은 일본이 태평양 전쟁 때 군국주의의 죄과를 충분히 치렀다고 보고 있을 테지. 그리고 일본이

다시 군국주의로 회귀할 가능성도 없다고 보고 있을 거야."

이종문이 말을 이어갔다.

"독일이 제2차 세계대전 당시 과거사를 철저히 반성하는 것을 가지고 일본에 비슷한 반성을 요구하는 것은 역효과가 날 뿐이야. 전쟁이 끝날 당시 유럽과 극동 지역의 상황은 서로 비교할 수 없을 정도로 달랐지. 1945년 태평양 전쟁이 끝나고 1949년 중국이 공산화되었고, 1950년 6·25전쟁이 일어났지. 중국이 태평양 전쟁의 전승국이라고 할 수 없는 상태에서 27년 동안 일본과 중국 관계는 단절되었고 그 과정에서 일본의 과거사 청산 기회는 영원히 상실되었지. 우리 대한민국은 일본의 과거사 반성이 미흡하다고 지적할 것이 아니라 앞으로도 과거사를 제대로 반성하지 않을 일본과 어떻게 이웃나라로 함께 살아가야 하는가 하는 문제를 고민해야 할 것이야."

박명철이 말했다.

"위안부 할머니 문제도 마찬가지야. 우리 정부가 일본 정부 대신에 위안부 할머니들을 지켜주지 못하고 치욕을 당하게 한데 대해 보상하는 것도 하나의 방안이 될 수 있겠지. 1인당 국민소득 3만 달러를 바라보고 있는 한국이 일본에게 위안부 보상을 요구하는 것도 다시 생각해 볼 필요가 있어. 이렇게 일본에게 매달리기보다는 큰 틀에서 우리 정부가 대신 사과하고 보상하는 것은 어떨까? 그러면서도 종군 위안부 관련 자료를 계속 수집하면서 국제적인 고발 노력도 계속해야겠지."

이종문이 나섰다.

"영토 문제를 생각해 보지. 한국이 실효적 지배를 하고 있는 독도에 대해 일본은 1962년 국제사법재판소에서 해결하자고 우리 정부에 제안한 바 있지. 하지만 일본이 실효적 지배를 하고 있는 센카쿠 열도에 대해 일본은 중국 측에서 국제사업재판소에 제소할 움직임만 보여도 수용하지 못한다는 태세지. 한편 러시아가 실효적 지배를 하고 있는 북방 4개 도서 즉, 알류산 열도 남방 4개 도서의 경우 일본은 러시아에 대해 불법 점거를 주장할 뿐 국제사업재판소에 제소할 생각도 없이 오로지 외교적 해결 노력만을 계속하고 있어. 이는 일본의 모순된 태도라고 봐. 하지만 이것을 영토분쟁에 있어서 일본의 모순된 외교정책이라고 해야 할까? 국제사회에서 영토문제는 진실

게임이라기보다는 국제적 힘의 역학관계라고 보는 게 정확할 거야."

박명철이 동해 표기 문제로 이야기를 이어나갔다.

"동해 표기 문제는 영토문제와는 성격이 다른 사안이지. 영유권 분쟁도 아니고 국경 개념도 아니면서 우리 국민의 자존심이 걸린 사안이지. 그래서 더 해결이 쉽지 않다고 봐. 정확히 말자하면 우리 국민 전체가 발상의 전환을 하면 되는데 그게 불가능하다는 거지."

"애국가 첫 소절이 '동해물…'로 시작하는 것 때문인데, 이는 우연히 애국가 작사자의 발상에 의해 그렇게 된 것이라기보다는 우리의 오랜 역사와 전통 위에서 자연스럽게 만들어진 것이라고 봐. 하지만 대국적인 견지에서 동해 표기 문제를 접근하는 것은 어떨까? 예를 들면 우리가 일본 측에게 동해라는 표현은 한국 국내용으로만 하겠으며 동해와 일본해 병기 주장은 철회하겠다, 다만 일본해라는 표현도 받아들일 수 없으니 당신들도 일본해 명칭을 포기하고 새로운 명칭을 찾아보자, 이렇게 말이야."

"동해와 일본해 병기 문제를 지나치게 이슈화시키면 역풍이 있을 수도 있네. 미국의 입장에서 볼 때 한국도 일본도 모두 동맹국인데, 이 사안으로 한·일 양국 관계가 악화되는 것을 미국이 원하지 않을 것이네. 미국은 은근히 일본 편을 들면서 한국의 양보를 기대하는 외교적 신호를 보낼 수도 있겠지. 그리고 우리가 동해·일본해 병기 주장을 계속하면 일본은 독도와 다케시마를 병기하자고 주장할 수도 있겠지. 이미 일본해란 명칭은 전 세계 사이버 공간이나 국제사회에서 확실히 자리 잡고 있으니 동해 병기를 해 봤자 큰 영향이 없다고 판단하면서 전략적으로 다케시마와 독도 병기를 들고 나올 수도 있을 거야."

"일본 아베 총리 취임 이후 한일 양국 외교 관계가 냉각되기 시작했는데, 덩달아 일본 국민들 사이에는 혐한에 가까울 정도로 한국에 대한 감정이 나빠졌지. 문제는 일본에서 한류 붐이 일고 난 다음 얼마 되지 않아 혐한 분위기가 대두되었다는 것인데…. 한때 폭발적이기까지 했던 일본 내 한류 붐이 이렇게까지 거품이 사그라지는 것은 미처 예상하지 못했네."

"한 해에 일본인 약 300만 명이 한국을 방문하고 있고 한국인 약 250만 명이 일본을 방문하고 있지. 한 해에 550만 명, 하루에 1만 5천 명의 양국 국민들이 상호 방문하고 있는 셈인데…. 두 나라 국민들이 이 정도로 많이 서로 왕래하는 경우는 EU로 통합된 유럽에서도 찾아보기 힘들지. 한일 양국 정부 당국 사이에서는 민감한 외교적 사안에 대해 서로 다투고 있지만 국민적 교류는 그 저변이 매우 튼튼해서 이것이 양국 관계의 파국을 막고 있는 든든한 버팀목이 되고 있다고 봐. 동해와 일본해 표기 문제도 서로가 자신의 입장에서 약간 벗어나 역지사지의 접근을 한다면 해결이 불가능한 것도 아닐 텐데…. 양국 정치 지도자들이나 외교 당국이 국민적 여론을 의식해서 절대 양보하는 카드를 감히 꺼낼 수도 없다는 것이 가장 큰 문제라고 봐."

겨울밤은 일찍 깊어간다. 밖은 추운 날씨지만 두 사람의 대화는 솔직함을 넘어서 미래를 향한 한일 관계의 나아갈 방향까지로 이어지고 있다. 둘의 대화가 솔직해질수록 마음은 무거워지기만 한다. 세상만사가 다 그러하듯이 처방은 쉽지만 실천은 어려운 법이다. 한·일 관계도 예외가 될 수 없다.

— 2017년 2월 외교부 2차관실

"이 보고서 한번 읽어보세요."

외교부 제2차관은 보고서 한 부를 박명철 국장에게 내밀었다. A4 용지 몇 장에 불과한 얇은 보고서였다. 표지에는 다음 세 줄만이 적혀 있었다.

〈대외비〉

제목: 동해 표기 문제에 대한 전망과 우리의 대응 전략

수신: 청와대(외교안보수석), 외교부 장관, 해양수산부 장관

일본해와 백두산이 마르고 닳도록…

열람 후 파기 바람

"아마 국가정보원 쪽에서 청와대에 서면보고한 것 같아요. 저는 장관님으로부터 전달받았습니다. 이 자리에서 읽어보고 돌려주세요. 제가 바로 파기하려고 합니다."

지시나 다름없는 2차관의 부탁에 박명철을 보고서 다음 장을 넘겼다. 보고서는 금방 읽을 수 있었다.

1. 개요

제19차 국제수로기구^{IHO} 총회가 오는 2017년 4월 모나코에서 열릴 예정이며, 이 총회에서 우리나라는 동해와 일본해 병기 문제를 적극적으로 제기할 예정인 바 관련 동향과 대책을 종합 보고드림.

2. 관련사실

○ IHO는 국제 수로 업무의 협력 증진과 해역 명칭의 표준화를 관장하는 국제기구임.

○ 1929년 IHO에서 발간한 S-23 『해양과 바다의 경계』 책자(초판)에서 우리의 동해를 일본해로 단독 표기함으로써 세계의 많은 지도들은 동해를 '일본해Japan Sea'로 표기하고 있음.

○ 그 이후 IHO는 제1차 개정판(1937년), 제2차 개정판(1953년), 제 3차 개정판(1986년)이 나온 후 현재 제4차 개정판 발간을 준비 중에 있으나 동해와 일본해 병기 문제가 타결되지 못하여 계속 지연되고 있는 실정임.

○ 우리나라는 1957년 IHO에 정회원으로 가입하였으며, 우리가 유엔에 가입한 다음 해인 1992년부터 일본해 표기의 부당성 을 지적하고 동해와의 병기를 요구하고 있음.

○ 2012년 제18차 IHO 총회에서 동해·일본해 병기 문제를 결론 내지 못하였으며, IHO 측은 당사국인 한국과 일본의 합의를 권고한 바 있음. 일본은 이러한 권고를 받아 한국과 몇 차례 실무대화를 가진 바 있으나 일본해의 정당성만 되풀이하면서 우리의 제안을 거부하고 있음.

3. 우리 정부의 목표

제19차 IHO 총회에서 일본해 단독표기의 문제점을 제기하고 동해·일본해 병기를 관철하는 것임.

4. 국제사회의 동향

○ 이 사안에 관심을 가진 국가들은 많지 않음. 동해를 인접하고 있는 남·북한, 러시아, 중국 중에서 우리나라만이 관심을 가

지고 문제를 제기하고 있는 상황임. 많은 IHO 회원국들은 우리의 동해 병기 주장에 대해서 흥미가 없는 경우가 대부분임. 한국의 동해 병기 주장에 대해 다 알고 있는 내용을 반복하고 있다는 식으로 피로 현상을 보이기도 함.

○ 우리 정부가 주장하는 동해 표기의 타당성에 대해 공감하는 국가들은 많지 않음. 그 이유는 1) 동해가 방위성을 가지고 있으므로 일본에서 볼 때 서해가 된다는 견해, 2) 세계 여러 곳에 동해라는 명칭의 바다가 이미 존재하고 있다는 사실, 3) 16~19세기 서양 고지도에 나타난 명칭의 다양성 그리고 4) 우리나라가 2천 년 전부터 동해라는 명칭을 사용해 왔다는 점에 대한 우리의 역사와 정서에 대한 이해 부족 등이 그것임.

○ 일본은 IHO 창립 회원국으로서 상당한 영향력을 행사하고 있으며, 미국과 영국 등은 우리보다는 일본 측 주장에 공감하고 있는 분위기임. 일본은 일본해 단독표기만을 주장하고 있으며, 이미 승부는 끝났다고 생각하고 있음.

○ 이미 전 세계적으로 인터넷 사이버 공간에서는 East Sea보다는 Sea of Japan이 고착화된 상황이며, 우리의 대외적 노력으로 이를 개선하기란 한계가 있음.

5. 일본의 동향

○ 아베 신조 정권 출범 이후 일본은 우경화의 길로 나아가고 있
  는 바, 공교롭게도 일본이 동해 표기 문제에 대해서도 적극적
  으로 대처하고 있다는 분석이 가능함. 현재 일본해·동해 병기
  문제에 대해 일본 외무성은 공세적으로 나오고 있음.

○ 2013년 일본 정부는 내각 관방에 〈영토·주권 대책 기획조정실〉
  을 신설하였던 바 앞으로 강하게 대처하겠다는 의지로 해석됨.

○ 지금까지 지명 표준화 관련 국제회의에는 일본 외무성 공무원
  들이 주로 참석해 왔으나 최근에선 학자, 민간전문가들도 많
  이 참가하고 있음.

6. 우리 국내 동향

○ 국내 여론은 이 사안에 대해 현재로서는 무관심하지만 IHO
  총회 결과가 우리 정부가 노력하는 방향으로 나오지 않을 경
  우 정부를 비난하는 것으로 일관할 것임. 야당은 정부가 동해
  이름을 포기했다며 정권 차원의 비난 공세를 강화하면서 대
  통령에게까지 책임을 물으려고 할 것임.

○ 동해와 일본해 병기 문제에 대해 국내에서도 의견이 분분한
  바, 이것은 우리의 대외 협상력을 약화시키는 방향으로 작용
  할 수도 있다고 봄. 예를 들면, 동해가 아닌 제3의 이름을 찾

아봐야 한다는 주장, 동해와 일본해를 병기하는 것은 일본해 명칭을 인정하고 있다는 지적 등이 그것임.

7. 우리 정부의 대응 전략

○ 단기간에 결정될 사안이 아니므로 인내심을 가지고 접근할 필요가 있음. 한편 일본이 국내의 우경화 추세에 편승하여 국제 수로기구 회원국들을 대상으로 공세적인 외교적 로비를 강하게 펼칠 가능성에도 유의해야 할 것임.

○ 단기적 전략으로서 19차 IHO총회 회원국들과 개별적 접촉을 통해 우리 정부의 입장을 사전에 적극 홍보하고 지원을 확보하는 것이 중요함. 정부뿐만 아니라 학계, 비정부기관 등과 공동 노력하는 것도 필요함.

○ 대외 교섭력에 손상을 가져올 수 있는 국내 일각의 다른 주장에 대해서는 적절한 방법으로 공감대를 형성하여 일치된 목소리를 유지하는 것이 필요함.

○ 일본과 막후 협상 노력을 계속하는 것이 필요함. 일본해와 동해를 병기하는 것은 일본해를 포기하는 것이 아니기 때문에 일본으로서도 손해 볼 것이 없다는 점과 한일관계의 발전을 위해 전향적인 노력이 필요하다는 점 등을 설득할 필요가 있음.

○ 세계 여러 지도에서 동해·일본해 병기 노력을 계속하여 병기

비율을 지금의 약 30퍼센트에서 50퍼센트 이상으로 높여 나가야 함. 여기서 양보다 질이 중요한 바 세계 유력 출판사와 지도제작사의 협조를 확보하는 것이 필요함.

○ 현재 각종 인터넷 영어 검색창에서 'East Sea'라고 치면 우리의 동해가 나오지 않으며, 'Sea of Japan'이라고 입력해야 함. 인터넷에서 'Sea of Japan'으로 고착화되어 있는 것을 바꿀 필요가 있음. 예를 들면 위키피디아 등 사이버 공간에서 East Sea의 확산 노력이 필요함.

○ 제19차 IHO 총회에서 부정적인 결과가 나올 경우 여론과 야당의 비난이 청와대로 쏠리지 않도록 미리 대비하는 것도 고려할 수 있음. 이를 위해 적절한 시기에 대통령님이 국무회의에서 동해 병기를 위한 철저한 외교적 노력을 강조하는 발언을 하실 필요가 있음.

박명철이 보고서를 다 읽고 나자 제2차관은 창밖을 내다보며 말했다.

"두 달 앞으로 다가온 국제수로기구 총회의 결과가 좋지 않게 나온다면 장관님의 거취까지 거론될 수 있는 상황입니다. 박 국장께서 열심히 하고 있다는 것은 잘 알지만 다시 한 번

관계관과 해외공관들을 독려해 주시고 학계 교수들에게도 막바지 지원을 당부하세요."

"예, 잘 알겠습니다."

이 말 외에 박명철이 더 할 이야기는 없었다. 지난 2012년 제18차 국제수로기구 총회 때와 마찬가지로 이번에도 동해·일본해 표기에 대해 결론이 나지 않는 것도 차선책이 될 수 있었다. 차라리 그렇게 된다면 언론으로부터 잠시 질타는 받겠지만 외교부 장관의 거취까지 거론되는 곤란한 상황으로 가지는 않을 것이다는 생각마저 들었다. 이 같은 생각은 청와대 측에서도 같을 것이다. 그렇게 되면 이 사안은 자동적으로 다음 정부로 넘어가게 된다.
　잠시 생각에 잠겼는데 2차관이 말을 했다.

"박 국장, 잠시만 기다리세요. 북미국장을 오라고 했습니다. 제가 지난주에 북미국장에게 미국 버지니아 주의 동해 병기 표기 문제에 대해 조사해 보고해달라고 지시하였습니다. 같이 들어보도록 합시다."

제2차관실에 북미국장이 들어오자 다시 2차관이 말문을 열었다.

"지난 2014년 2월 미국 버지니아 주 의회가 동해와 일본해 병기 법안을 통과한 바 있습니다. 미국 50개 중에서 처음이었고 미국 국내적으로 동해 병기를 가속화시키는 첫걸음이라고 할 수 있습니다. 그 이후 뉴욕, 뉴저지, 캘리포니아 등 한인들이 많이 거주하고 있는 주들에서 비슷한 내용의 법안을 주 의회에 발의하려는 분위기입니다. 동해 표기 문제와 관련하여 최근 미국 교포사회의 동향은 어떠한가요?"

북미국장은 지시를 받고 관련내용을 미리 파악하고 온 터라 어렵지 않게 대답했다.

"차관님 말씀대로, 미국 한인사회에서는 한인 밀집 지역을 중심으로 동해 병기 사업을 연대하여 추진하려는 움직임을 보이고 있습니다. 금년 4월로 예정된 국제수로기구 총회 이전에 미국 연방정부가 동해를 일본해와 병기하도록 하는 것을 최종 목표로 하고 있습니다."

차관이 물었다.

"버지니아 주 사례를 다른 주 정부, 특히 미국 연방정부까지 확산하려는 교포사회의 노력은 높게 평가하지만 쉽지 않을 것입니다. 북미국장께서는 어떻게 생각하시나요?"

북미국장이 말했다.

"지난 2014년 버지니아 주에서 동해 병기법안이 통과된 것에 대해 버지니아 주에 살고 있는 한인들은 역사적인 쾌거라고까지 말하고 있습니다. 여기에는 몇 가지 성공 요인이 있었습니다. 첫째, 동해 단독표기 대신에 일본해와 병기하자는 전략이 유효했습니다. 즉 '일본해는 잘못됐고, 동해는 옳다'는 이원론적 대결구도에서 탈피한 것입니다. 둘째, 동해 표기 문제를 외교가 아닌 교육적인 문제로 접근했다는 것입니다. 일본해란 일제 때 일방적으로 정해진 이름인 만큼 이것을 방치할 경우 잘못된 역사교육으로 이어질 수 있다는 주장이 먹혀들어간 것입니다. 셋째, 버지니아 주의 50여 개 한인단체들이 결집하여 정치적 영향력을 행사한 것도 성공 요인이었습니다. 이지역 교포들은 새벽부터 주 의회 의사당을 가득 메우는 등 한인 사회의 힘을 과시하였습니다. 그뿐만 아니라 의원 전원의 성향과 친구관계 그리고 취미까지 파악하여 개인별 파일을 작성하는 등 세심한 노력도 게을리하지 않았습니다. 마지막으로 끈기 있게 꾸준히 노력했다는 점입니다. 워싱턴 포스트 등 미국 내 주류 언론과의 소통도 적극적으로 하였습니다."

북미국장은 버지니아 주의 성공사례를 네 가지로 요약하여 간략히 보고했다. 제2차관이 말을 이어갔다.

"버지니아 주지사가 한인교포들과 약속을 깨고 법안을 방해하고 나섰을 때 '한인들은 다음 선거 때 보자'며 정치적 영향력을 과시했다는 이야기도 들었습니다."

북미국장이 대답했다.

"차관님 말씀이 사실입니다. 버지니아 주에 거주하는 한국계는 8만 2천 명이고, 일본계는 2만 명에 불과합니다. 우리 교포사회가 결집만 한다면 숫자로서도 우리가 월등히 유리한 상황입니다. 참고로 미국 내 한국계는 170만 명이지만 일본계는 130만 명입니다. 많게는 250만 미주 한인이라고도 하지만

2010년 미국 인구조사에 의하면 한국계가 170만 명이라고 되어 있습니다. 미국에서 일본계는 주로 캘리포니아와 하와이에 거주하고 있습니다. 캘리포니아 거주 한국계는 50만 5천 명, 일본계는 42만 8천 명입니다. 하와이에는 한국계 4.9만 명, 일본계 31.2만 명이 거주하고 있습니다. 하지만 뉴욕 주, 뉴저지 주, 버지니아 주, 워싱턴 주 등에서는 우리 한국계가 일본계보다 숫자가 많습니다."

차관의 말이다.

"미국 내 우리 교포사회가 수적으로 늘어날 뿐만 아니라 정치적으로도 결집하여 영향력을 행사한다는 것은 반가운 소식입니다. 인구가 많으면 정치적 영향력이 커지는 것은 당연하겠죠. 예를 들면 히스패닉은 전체 미국 인구의 16퍼센트로서 흑인의 12.6퍼센트를 능가하고 있습니다. 히스패닉계가 미국 내 최대의 소수인종이 되었습니다. 따라서 히스패닉의 정치적 영향력은 꾸준히 증대되고 있습니다. 오바마 정부가 히스패닉계에 유리한 이민개혁 법안을 처리한 것은 바로 그 때문이라고 하겠습니다. 하지만 인구가 많다고 해서 반드시 정치적으로 유력하다고 할 수는 없겠죠. 유대계는 미국 전체 인구의 2

퍼센트, 640만 명에 불과하지만 미국 내 정치적 영향력은 대단합니다. 유대계의 인맥, 자금력과 정치력 등이 무시할 수 없는 수준이기 때문입니다."

"차관님 말씀이 정확합니다. 동해 표기 문제에 버지니아 한인 사회가 힘을 뭉쳐 원하는 것을 얻어내었습니다. 하지만 이는 미국 국익에 결정적인 변수는 아닙니다. 만약 한인사회가 뭉쳐서 미국 주류사회가 부담을 느끼게 된다면 이것 또한 다시 생각해 볼 필요가 있다고 봅니다. 한인교포들은 한국 국민이기 이전에 미국 국민이라는 것이죠."

"좋은 말씀입니다. 한인 사회의 이러한 움직임이 주 정부는 움직일 수는 있다고 하더라도 미국 연방정부의 정책 변화까지 이끌어 낼 수 있을지는 의문입니다."

– 2017년 4월, 모나코

모나코로 가는 길은 아름다웠다. 파리에서 프랑스 국내 항
공편으로 니스까지 간다. 그곳에서 덜컹거리는 열차를 타고
약 20분을 가면 모나코 공국이 나온다. 기차는 지중해 풍경을
안고 달린다. 바티칸 시국에 이어서 세계에서 두 번째로 작은
나라이지만 화려하고 신비롭기만 하다. 50년대 할리우드 최고
의 여배우였던 그레이스 켈리가 모나코 왕자였던 레니에 3세
와 이곳에서 결혼식을 올렸던 때가 지난 1956년. 당시 그레이
스 켈리는 27세, 모나코 왕자는 33세. 샹송 '모나코'도 생각난
다. 부드러운 중저음의 장 프랑소아 모르스가 불렀는데 원제

목은 '29도 그늘 아래서'이다.

국제수로기구 총회에 참석하는 한국 대표단은 박명철 국제
법률국장을 단장으로 모두 15명으로 구성되었다. 대표단이 짐
을 풀은 호텔 창밖으로 지중해가 보인다. 4월의 햇살에 눈부시
게 푸르른 바닷가 항구에는 한눈에 보아도 비싸 보이는 요트
들로 가득하다. 세금을 피해 모나코로 온 부자들의 요트들이
다. 세금도 없고 군대도 없는 천국과도 같은 나라에 왔건만 대
표단의 마음은 무겁기만 하다.

국제수로기구 총회는 매 5년마다 이곳 모나코에서 열린다.
오늘부터 일주일간 제19차 총회가 이곳에서 열릴 예정이다.
대부분의 국제회의가 그러하듯이 핵심 현안을 가지고 있는 회
원국들은 회의가 열리기 전에 막후 협상과 조율을 하고 회의
에 임하게 마련이다. 서울을 출발할 때부터 이번 총회에서 일
본이 표결로 일본해 단독 표기를 강행하고자 회원국들을 대상
으로 강력하게 로비를 펼치고 있다는 소식도 들린다.

첫날은 국제수로기구 산하 재정위원회가 열렸다. 지난 5년
동안의 예산결산 보고서와 향후 5년 동안의 예산안을 검토하
는 것이 주된 의제다. 우리와 직접 관련이 있는 사안은 아니
다. 이어서 하루 쉬었다가 5일 동안 총회가 열릴 예정이다. 이

번에 참가한 대표단은 약 80개국에서 온 300여 명이다. 비회원국과 국제기구 등에서 참가한 50명의 옵서버들도 총회장에 들어올 것이다. 동해 표기와 이해관계에 있는 일본은 8명의 대표단을 보냈다. 대표단 이외에 일본에서는 일본수로협회에서 2명의 옵서버가 참석한다고 한다. 지난 5년 전 제18차 총회 때와 같은 규모다. 북한도 3명의 대표가 참석했다. 미국 29명, 영국 17명, 프랑스 8명, 러시아 12명 등 해양강국들은 대표단 숫자도 적지 않았다.

총회 첫날은 총회 의장·부의장 선출, 집행위원장 선출, 그리고 이들의 인사말과 개회사로 시작되었다. 국제수로기구가 지난 5년 동안 실시한 사업을 평가한 결과 회원들의 요구와 해양 안전, 해양 환경 보전에 크게 노력하였으며 앞으로 해양 문제에 대한 다양한 도전들에 대해 적극적으로 대처하기를 기대한다는 취지였다. 이번 총회의 안건은 모두 10건으로서, 그중 제9번 S-23 안건이 동해와 일본해 병기에 관한 것이다. 안건의 정식 명칭은 '국제수로기구 간행물 S-23『해양과 바다의 경계』 수정판 발간에 관한 제안'이다. 이 안건은 넷째 날 집중적으로 다루어졌다.

총회 넷째 날 회의도 다른 날과 마찬가지로 레니에 3세 강당에서 진행되었다. 총회 의장이 먼저 말을 했다.

"간행물 S-23『해양과 바다의 경계』제3판이 지난 1953년 발간된 이후 65년이 지난 지금까지 제4개정판을 발간하지 못하고 있습니다. 이는 한반도와 일본 열도 사이에 위치한 바다의 명칭 때문이었습니다. 2012년 제18차 총회 때도 동일한 안건이 상정되었습니다만 S-23의 개정에 대해 합의를 보지 못했습니다. 오늘 총회에서 이 안건에 대한 합의를 이루기를 기대합니다."

의장의 발언이 끝나자마자 기다렸다는 듯이 일본 대표가 발언에 나섰다.

"의장님께서 언급하신 바와 같이 S-23 개정판 발간 작업은 일본해 표기 문제로 지난 1997년부터 아무런 진척이 없이 오늘에 이르고 있습니다. 단 하나의 바다 명칭 때문에 S-23의 발간이 인질로 잡혀 있는 셈입니다. 일본은 일본해Japan Sea로 단독 표기되어야 한다는 입장에 변함없습니다. 국제적으로 이미 정착된 이름이기 때문입니다."

조금의 지체도 없이 한국 대표가 발언을 이어갔다.

"일본해 단독 표기가 부당하다는 것에 대해서는 이미 배포
된 안건 내용을 참조해 주시기 바랍니다. 2개국 이상 둘러싸인
공해에 대하여 특정 국가의 이름을 붙인 사례는 없습니다. 일
본이 일본해만을 고집하는 것은 주변국으로부터 불신과 오해
만을 살 뿐이며 이는 동북아 지역의 공동 번영에도 결코 도움
이 되지 않을 것입니다."

중국 대표단이 나섰다.

"S-23의 개정판을 발간하는 것은 기술적 문제라기보다는
정치적이고 외교적인 사안이 되었습니다. 국제수로기구는 해
양과 바다에 관한 기술적 문제를 다루는 곳입니다. 그런데 이
제 국제수로기구는 정치적으로 민감한 이슈에 개입해야만 하
는 상황에 처해있습니다. 중국 정부가 이 안건에 대해 구체적
인 제안을 하지 않는 것은 바로 이러한 정치적인 민감성 때문
입니다. 새로운 제안은 또다시 노력과 시간의 낭비를 초래할
뿐이기 때문입니다."

다음으로 프랑스 대표가 나섰다.

"S-23 개정판 발간 작업은 지난 1986년과 2002년 최종시안을 각각 작성하여 회원국들에게 회람하여 의견을 수렴하려고 했으나 합의에 이르지 못하여 불발에 그치고 말았습니다. 지난 2007년 제17차 총회에서 S-23을 두 권으로 발간할 것을 검토한 바 있습니다. 즉, 제1권은 이견이 없는 내용만으로 즉시 발간하고, 이견이 있어서 합의가 어려운 사안은 별도로 제2권으로 하여 나중에 발간하자는 안이었습니다. 이 제안 역시 받아들여지지 않았습니다. 이밖에도 여러 가지 다른 대안들이 제시되기도 했으나 한국, 일본 등 관련 당사국들이 반대함으로써 모두 거부되었습니다. 이 사안에 대해 관련 당사국들이 회원국들을 상대로 외교적 로비를 강력하게 함으로써 기술적 문제를 넘어서 버렸습니다. 우리 회원국들이 가까운 장래에 이 사안에 대해 합의에 이르기란 불가능하다고 하겠습니다."

국제수로기구는 2010년 5월 실무위원회를 구성하여 동해 표기문제에 대한 해결을 시도한 바 있었다. 이때 실무위원장을 맡았던 프랑스 대표는 실무위원장직을 스스로 사퇴하였다. 그 이유는 외교적 분쟁이 된 안건에 개입하기 싫었고, 실무위원회에서 합리적이고 중립적인 토의가 불가능하다고 판단했기 때문이었다. 오늘 총회에서 프랑스 대표는 그때의 기억을 되살리는 듯했다. 지난 2012년 총회에서 일본 측에서는 실무위원회 구성을 제의했으나 이것도 부결되었다. 이제 회원국들은 실무위원회를 통해 해결을 기대할 수 없다는 생각을 하고 있는 것이다. 이어서 의장이 발언에 나섰다.

"이 자리에 모이신 회원국 대표들께서 S-23의 개정판 발간을 원하신다면 표결처리 등 어떠한 형태로의 실질적인 조치를 취해야 합니다. 만약 60여 년 전에 발간되어 이미 구닥다리가 되어버린 S-23의 개정판을 이번에도 발간하지 못한다면 S-23은 국제수로기구의 공식 발간물이지만 무용지물이 될 것입니다. 이 경우 지난 수십 년 동안 이 문제를 해결하지 못하고 질질 끌고만 옴으로써 국제수로기구의 명성과 신뢰는 크게 손상될 것임을 인식해야 합니다."

의장의 이러한 발언은 더 이상 결정을 미루지 않겠다는 강한 의지가 담겨 있는 표현이었다. 표결에 붙일 수도 있음을 암시하는 것이었다. 하지만 의장이 일방적으로 표결에 붙일 수가 없었다. 다수 회원국들의 제안과 동의가 필요하였다. 북한 대표가 발언에 나섰다.

"북한은 일본 측 주장과 제안을 받아들일 수 없습니다. Sea of Japan 또는 East Sea 부분은 빈칸으로 남겨두고 S-23판 개정판을 즉시 발간하기를 적극 검토하기 바랍니다."

다음으로 쿠바 대표의 발언이 이어졌다.

"이 안건에 대해 관련 당사국들은 이미 충분히 토의하였습니다. 그리고 이들 국가들은 유엔의 원칙하에서 어떤 식으로든 합의에 도달했어야만 합니다. 하지만 안타깝게도 그러지 못했습니다. 이 사안이 정치적 이슈가 되어 버렸기 때문입니다. 정치적 이슈는 우리 국제수로기구의 권한을 넘어서는 것입니다."

스페인 대표가 표결 처리를 제안했다.

"의장님, 이 사안에 대해서는 회원국 대표들 간에 표결처리를 제안하는 바입니다. 일본 열도와 한반도 사이의 바다 명칭 표기 문제에 대해 찬성, 반대, 기권으로 회원국들의 의견을 들어서 결정하도록 합시다."

갑작스런 스페인 측 제안에 대해 우리나라 대표단은 당황했다. 하지만 일본 측이 표결 처리에 적극 찬성하는 입장을 표명하자 회의장 분위기가 급변하기 시작했다. 적지 않은 회원국 대표들이 동조하는 듯했다. 한국 대표가 긴급 발언에 나섰다.

"지난 1977년부터 국제수로기구는 이 사안에 대해 합의를 이끌어 내기 위해 수많은 노력을 아끼지 않았습니다. 오늘 총회에서 표결로 처리한다는 것은 지난 40년 동안의 노력을 물거품으로 만드는 것입니다. 몇몇 대표들께서 이 사안이 정치적이고 외교적 성격임을 강조하기도 했습니다. 바로 이 점 때문에 표결 처리는 더더욱 문제가 될 것입니다. 한국 측은 표결 처리에 반대한다는 입장을 분명히 합니다. 의장님, 이 안건에 대한 논의는 잠시 중단하고 회의를 정회한 후, 오늘 오후 회의에서 다시 논의할 것을 제안합니다."

시간을 벌자는 발언이었다.

"한국 대표의 발언에 이의가 없다면 이 안건은 오후 회의에서 다시 논의할 것을 선언합니다."

의장은 한국의 제안을 받아들였다.

오후회의는 오전 회의가 끝나고 2시간 후에 개회되었다. S-23은 오후 마지막 안건으로 올랐다. 점심시간 한국 대표단은 A4 두 장으로 입장을 요약 정리하여 미리 전달할 수 있는 대표단들에게는 미리 전달하였고, 회의장 책상 위에도 모두 배포했다.

한국 대표가 오후 발언에 나섰다.

"한국의 입장은 나누어 드린 유인물에 있습니다. 한국의 입장은 두 가지입니다. 첫째, 지난 40여 년간 국제수로기구는 이 사안에 대해 합의를 도출하기 위해 다양한 노력을 아끼지 않았습니다. 합의가 지연된다는 이유만으로 표결에 붙인다는 것은 지금까지의 노력을 물거품으로 만들 뿐만 아니라 합의 정신을 존중한 국제수로기구의 전통을 깨뜨리는 것입니다. 둘째, 한반도와 러시아 극동 그리고 일본 열도로 둘러싸인 바다를, 특정 국가의 이름을 붙여서 일본해라고 하는 것은 국제적으로 유례가 없는 것으로서 동북아 지역에서 새로운 분쟁의 불씨를 만들 뿐입니다. 한국의 동해 병기 주장은 상호 존중과 공존을 추구하고자 하는 것입니다. 회원국 대표 여러분들의 깊은 이해를 기대합니다."

간단명료하게 핵심 위주의 발언이었다. 이어서 의장은 발언권을 일본 대표에게 주었다.

"일본의 입장은 먼저, 이 사안을 표결로 처리하자는 데 동의하는 바입니다. 지난 30여 년간 국제수로기구는 다양한 해결 노력을 기울여 왔습니다. 합의를 목표로 한다면 더 이상 새로운 접근 방법이 없을 뿐만 아니라 시간만 끌면서 관련 당사국들 간의 불필요한 노력의 낭비를 초래할 뿐입니다. 이 자리에 계신 우리 회원국들은 일본해 표기 안건에 대해 이미 충분히 잘 알고 있으므로 이제 결단을 내려야 할 때가 왔다고 봅니다. 그것이 바로 오늘이라는 것입니다. 일본해로 표기하는 것만이 S-23을 60여 년 만에 다시 발간할 수 있는 길입니다. 이렇게 되면 국제수로기구의 권위와 신뢰도 회복할 수 있습니다. 세계 여러 지도와 정부 홈페이지 그리고 수많은 사이버 공간에서 일본해는 광범위하게 사용되고 있으므로 불필요한 혼란과 비용의 낭비도 막을 수 있습니다. 감사합니다."

한국 대표와 일본 대표가 마치 최후진술 같은 모양으로 발언을 순차적으로 이어갔다. 문제는 이어서 발언에 나선 스페인 대표였다.

"S-23 개정판은 일본 측 제안대로 찬반 투표에 부칠 것을 제안합니다. 투표는 롤콜roll call 방식으로 할 것도 제안합니다."

롤콜 방식이란 공개투표의 일종으로서 의장이 회원국가의 이름을 부르면 대표가 나서서 찬성, 반대 또는 기권의 입장을 밝히고 이를 기록하는 것이다. 의장은 스페인 대표의 제안을 수용해서 롤콜 방식으로 표결에 들어갔다. 한국 대표단으로서는 기나긴 시간이 무겁게 흘러갔다. 표결 결과가 발표되었다.

일본해 단독 표기안에 찬성 42, 반대 33, 기권 4.

오후회의에 불참한 회원국 대표들도 약간 있었다. 다음은 의장의 발언이다.

"일본 열도와 한반도 사이에 위치한 바다는 지금과 같이 '일본해'라고 S-23에 단독 표기하기로 하며, S-23 제4판을 조기에 발간하기로 의결합니다."

― 2017년 5월 서울

　　청와대는 외교부 장관 내정자를 발표하고 국회에 인사청문 요청서를 제출하였다. 동해 이름을 빼앗긴 것에 대한 책임을 물어 외교부 장관을 경질하는 차원이었다. 박명철 국장은 국립외교원으로 교육 파견한다는 인사명령을 받았다. 다음 보직을 기약할 수 없는 인사조치였다. 김수정 과장에게는 아직 아무런 인사 조치가 없었다. 언론에서는 물러나는 외교부 장관이 혼자 모든 것을 책임지겠다는 약속을 했다는 가십성 보도가 있었다.

　　언론은 '무능한 외교부'로 몰아세웠다. 외교부 장관의 교체

만으로 해결될 사안이 아니라는 지적도 많다. 일본의 로비가 효력을 발휘했다고 분석하면서 국제사회에서 우리의 외교력과 국제적 로비 방식을 전면 재검토해야 한다는 논설도 있다.

국회 외교통일위원회는 세 번의 전체회의를 열어 동해 표기 문제에 대해 정부 측으로부터 보고를 받고 질의 답변을 가졌다. 야당에서는 대통령이 책임질 일이라며 국회 회의장뿐만 아니라 언론을 통한 청와대 흠집 내기에 열을 올렸다. 여당에서는 대통령 책임론으로 확산되지 않도록 하는 것이 목표였다.

교육부는 긴급 성명을 발표했다. 각급 학교의 교과서에서 동해 명칭은 사라지지 않을 것이며 우리의 애국가도 변함없을 것임을 강조했다. 〈애국가 4절까지 부르기 국민운동〉을 펼칠 테니 많은 호응을 부탁한다는 교육부 장관의 인터뷰도 있었다. 각급 학교에서는 자발적으로 독도 지킴이 캠페인이 들불처럼 번져나갔다. 독도를 방문하여 애국가를 부르는 사람들도 폭발적으로 증가했다. 독도에 상륙할 수 있는 울릉도-독도 관광 상품은 평일에는 며칠씩, 주말에는 한 달 이상 기다려야 하는 상황이다.

일부 시민단체들과 야당의 몇몇 정치인들은 광화문 외교부 청사 앞에서 시위를 계속했다. 피켓에는 자극적인 문구가 가득했다.

"무능한 외교부는 자폭하라"

"사라진 동해, 빼앗긴 민족의 정기"

"일본해와 백두산이…가 웬 말인가?"

"일본의 다음 목표는 독도, 독도 절대 사수"

시민단체들은 삼삼오오 서울의 일본대사관 앞에서 시위를 했다.

"동해가 어찌 일본 바다냐?"

"동해가 일본해라면 태평양은 미국해냐?"

"어처구니없구나, 넓은 동해가 모두 일본해라니?"

"90년 전 빼앗긴 동해 이름, 또 빼앗겼네."

"울릉도에 해군기지 만들어 동해바다 지키자."

일본해와 백두산이 마르고 닳도록…

"어림없다 일본해, 우리는 동해뿐이다."

서울 주재 무라야마 요시카 기자는 이러한 시위를 취재하면서 혼자 생각에 잠기기도 했다. 일본해 단독 표기로 일본이 과연 얻은 것은 무엇일까? 동해와 일본해를 병기하더라도 세계의 많은 지도들은 일본해를 동해보다 더 크게, 동해보다 앞에 인쇄할 것이다. 국제수로기구의 결정과는 무관하게 일본해 단독 표기를 계속하는 경우도 많을 것이다. 사이버 공간에서는 여전히 일본해가 압도적이다. 일본해 단독 표기만을 고집함으로써 한일 관계만 더욱 악화될 것이 뻔하다. 일본은 한일 우호 관계는 버리고 일본해 단독 표기를 얻는 것은 아닐까? 명분을 위해 실리를 저버린 것은 아닐까? 일본 외무성은 이를 외교적 승리라고 자축하고 있을까? 혹시 일본으로서는 상처뿐인 영광, 실속 없는 성과에 불과하지는 않을까? 한국의 독도 지키기 열풍이 더욱 거세게 불 것이라는 점은 분명해 보인다.

한국과 달리 일본 국내의 분위기는 겉으로는 비교적 조용하고 담담한 분위기다. 일본 주요 언론들은 이번 총회 결과에 대해 '일본해로만 표기=당연한 결정'이라고 제목을 달고 있다. 늦게나마 국제수로기구가 일본해라고 재확인한 것은 다행이라는 정도로 표현했다. 동해 명칭은 한국만의 정서에 바탕을 둔

것이기 때문에 국제사회에서 설득력이 없음에도 불구하고 한국의 역대 대통령과 정부가 이를 고집하는 바람에 한국이 완패할 수밖에 없었다는 논평도 있었다.

올해 일본 해상자위대는 5월 27일을 전후하여 각종 기념행사를 예년보다 성대하게 거행하였다. 이날은 원래 구 일본 해군의 해군기념일이었다. 러일전쟁 때 일본 함대가 쓰시마 해협과 동해에서 러시아 발트 함대를 괴멸시킨 것이 1905년 5월 27일과 28일이었다. 우리나라는 이를 쓰시마 해전 또는 동해 해전東海 海戰이라고 하지만 일본은 일본해 해전日本海 海戰이라고 한다. 하지만 1945년 종전과 동시에 해군을 비롯한 일본의 모든 군대는 해체되었다. 자위대만 있을 뿐이다. 오늘날 일본 해상자위대는 5월 27일을 전후로 각종 기념행사를 하고 있다. 해상자위대는 이제 동해가 아닌 진정한 일본해가 된 것을 기념하고 싶었다. 크게 외치고 싶었지만 그럴 수는 없다. 이 마음을 담아서 올해는 특히 기념행사를 크게 가지고 싶었던 것이다.

국제수로기구는 S-23 개정판을 발간함으로써 얻은 것보다 잃은 것이 더 많다는 외신 보도가 있었다. 이미 세계적으로 많은 지도는 사이버 지도로 컴퓨터화되어 있다. 요즘 종이 지도를 보고 항해하는 선박은 없다. 모두 GPS를 이용하고 있다. S-23 최신판이 지난 70년 가까이 발간되지 않아도 별다른 문제가 없었다는 것은 S-23의 중요성이 떨어지고 있다는 증거였다. 세계 지도는 이미 사이버 공간을 중심으로 재편되고 있다. 국제수로기구 총회의 결정과는 무관하게 사이버 공간에서는 여전히 일본해로 굳어져 있으며 동해는 찾아보기 어렵다.

5월 31일 새벽 5시 5분, 독도 경비대는 붉은 해가 동해상으로 떠오르는 것을 보았다. 해는 동해에서 뜨는 것이다. /끝/

모든 사회는 금기를 가지고 있다. 우리 사회에도 금기는 존재한다. 우리나라에서 일본과 관련한 금기사항들도 많다. 그 중 하나는 동해東海를 '동해'라고 부르는 것에 대해 문제를 제기하는 것이다. 동해 표기와 관련하여 우리 정부의 입장은 일본해와 병기하자는 것이다. 이러한 동해와 일본해 병기 표기에 대해 금기일 수도 있는 것을 소설이라는 형식을 빌려 이야기해 보고자 하였다.

동해 표기와 관련하여, 받아들이기 어렵지만 다음 몇 가지는 부정할 수 없는 사실이다. 첫째, 국제적으로는 '일본해Sea of

Japan'라는 표현이 이미 보편적으로 사용되고 있고, '동해^{East Sea}'
는 거의 사용되지 않고 있다. 사이버 상에서 '동해'라는 것은
존재감이 없고, 동해는 일본해로 표기가 굳어졌다고 해도 과
언이 아니다. 지금 인터넷 검색창에서 'East Sea' 또는 'Sea of
Japan'이라고 쳐서 어떤 검색결과가 나오는지 직접 확인해 보
라. 둘째, 우리가 주장하는 동해라는 표현은 방위성^{方位性}을 가
지고 있다. 역사적 문헌에 동해라는 표현이 있다고 하지만, 일
본에서 보면 '서쪽에 있는 바다'를 한국이 '동해'라고 부를 것을
주장하는 것에 대해 일본은 황당해 할 것이다. 중국이 '서해(황
해)'를 '동해'라고 부르기를 주장한다면 우리들은 받아들이기 힘
들 것이다. 셋째, '일본해'라는 표현도 받아들일 수 없다. 한반
도와 일본열도 그리고 러시아 극동으로 둘러싸인 바다에 어찌
특정국가의 이름을 붙인단 말인가? 우리의 독도가 일본해 가
운데 위치하게 된다면 영토주권과 무관하다 할지라도 정서적
으로 받아들일 수 없다.

  우리 정부는 1992년부터 동해와 일본해를 병기하자는 입장
을 정하고 국제사회에서 계속적으로 제기하고 있다. 하지만

쉽게 관철되지 않을 전망이다. 아니, 우리 정부의 입장이 관철되지 않을 가능성이 더 많다.

지금도 외교부를 중심으로 한 우리 정부와 학계의 전문가들이 동해를 일본해와 병기하기 위해 노력하고 있다. 이 소설은 이러한 노력을 폄훼하고자 하는 것이 아니다. 오히려 이들의 노력을 소개하는 한편, 이 사안이 우리 정부의 입장대로 해결되기가 쉽지 않다는 점을 강조하려는 것이다. 한편, 동해가 일본해라고 국제적으로 표기되는 것이 일본으로서도 결코 도움이 되지 않을 수도 있다는 점을 말하려고 한다.

한·일 관계에서 있어서 몇 가지 현안들은 국민적 자존심이 걸려 있다. 이를 경우 논리적이나 합리적 접근이 불가능하다. 많은 국민들의 생각과 다른 주장을 하는 것은 엄청난 비난을 각오해야 한다. 동해·일본해 표기와 관련하여 한·일 양국이 국민적 자존심을 내려놓고 역지사지의 입장에서 다시 생각해 보자는 취지에서 이 소설을 쓰기 시작하였다. 국제사회에서 이미 '일본해' 표기가 압도적이다. 동해 명칭 표기와 관련하여 이미 게임은 끝난 것이나 다름없다. '동해물'이 '일본해물'이

되어버렸고, 백두산의 많은 부분은 이미 중국 영토가 되었으며 중국은 백두산을 장백산이라고 부른다. "동해물과 백두산이 마르고 닳도록…"으로 시작하는 애국가 가사 첫 구절이 안타깝기만 하다.

2016년 1월

하루 5분 나를 바꾸는 긍정훈련
행복에너지

'긍정훈련'당신의 삶을
행복으로 인도할
최고의, 최후의'멘토'

'행복에너지
권선복 대표이사'가 전하는
행복과 긍정의 에너지,
그 삶의 이야기!

권선복

도서출판 행복에너지 대표
지에스데이타(주) 대표이사
대통령직속 지역발전위원회
문화복지 전문위원
새마을문고 서울시 강서구 회장
전) 팔팔컴퓨터 전산학원장
전) 강서구의회(도시건설위원장)
아주대학교 공공정책대학원 졸업
충남 논산 출생

인터파크
자기계발 분야 주간
베스트 1위

권선복 지음 | 15,000원

책『하루 5분, 나를 바꾸는 긍정훈련 - 행복에너지』는 '긍정훈련' 과정을 통해 삶을
업그레이드하고 행복을 찾아 나설 것을 독자에게 독려한다.
긍정훈련 과정은[예행연습] [워밍업] [실전] [강화] [숨고르기] [마무리] 등
총 6단계로 나뉘어 각 단계별 사례를 바탕으로 독자 스스로가 느끼고 배운 것을
직접 실천할 수 있게 하는 데 그 목적을 두고 있다.
그동안 우리가 숱하게 '긍정하는 방법'에 대해 배워왔으면서도 정작 삶에 적용시키
지 못했던 것은, 머리로만 이해하고 실천으로는 옮기지 않았기 때문이다. 이제
삶을 행복하고 아름답게 가꿀 긍정과의 여정, 그 시작을 책과 함께해 보자.

『하루 5분, 나를 바꾸는 긍정훈련 - 행복에너지』